Silke Schöps

66 Spielideen Biologie

einfach, kreativ, motivierend

Wir haben uns für die Schreibweise mit dem Sternchen entschieden, damit sich Frauen, Männer und alle Menschen, die sich anders bezeichnen, gleichermaßen angesprochen fühlen. Aus Gründen der besseren Lesbarkeit für die Schüler*innen verwenden wir in den Kopiervorlagen das generische Maskulinum.

1. Auflage 2020

Covergestaltung und -illustration: Daniel Fischer Grafikdesign München
Illustrationen: Steffen Jähde
Satz: tebitron GmbH, Gerlingen
Druck und Bindung:
ISBN 978-3-403-08294-1
www.auer-verlag.de

Inhalt

6 Karten- und Würfelspiele

7 Bewegungsspiele

Liebe Kolleg*innen,

Lernspiele ermöglichen es, die dem Spiel eigene Motivation dafür zu nutzen, fachliche Lerninhalte mit zu vermitteln.

Damit ein Spiel den gewünschten Lern- bzw. Übungseffekt erreicht, muss es den Schüler*innen so viel Freude bereiten, dass sie es als echtes, vollwertiges Spiel erleben.

Der vorliegende Band bietet eine Auswahl an Spielideen für den Biologieunterricht in allen Schulformen.

An folgenden Symbolen erkennen Sie, für welche Sozialform sich die jeweilige Spielidee besonders eignet:

= Einzelarbeit

= Arbeit zu zweit

= Gruppenarbeit / ganze Klasse

Für eine leichte Auswahl und schnelle Vorbereitung der Spiele dienen folgende Symbole:

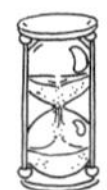

Ungefährer Zeitbedarf der Methode, der je nach Klassensituation, Thematik etc. stark variieren kann

Benötigte Materialien

Vorbereitung

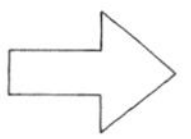

Zielsetzung der Methode

Im Anschluss an die kurze Auflistung nötiger Vorbereitungen, Grundideen und Ziele folgt eine Beschreibung des Spiels.

Beispiele zeigen konkrete Anwendungsmöglichkeiten im Biologieunterricht.

Viel Erfolg beim Umsetzen der Spielideen in Ihrem Unterricht und begeisterte Schüler*innen wünscht Ihnen

Silke Schöps

Blütenblätter, gelbe Kreise mit dem Wort Biologie, Klebestreifen oder Klebestifte, leeres Plakat (mindestens A3-Format)

einzelne Blütenblätter (ähnliche Form wie bei einer Sonnenblume)

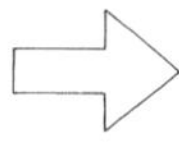

Motivierung, Aktivierung von Wissen, Einführung in das Fach Biologie (als Naturwissenschaft) oder in ein einzelnes Themengebiet

Spielverlauf:
Alle Schüler*innen erhalten zwei bis drei Blütenblätter und beschriften diese, wie in einer Mindmap: mit Begriffen oder Wortgruppen zum Fach Biologie.

Im Anschluss nennt jeweils ein*e Schüler*in einen „Gedanken" und heftet diesen um einen vorbereiteten gelben Kreis mit dem Wort Biologie an der Tafel oder auf einem Plakat an. Die restlichen „Gedanken" werden – ohne diese zu nennen – angeheftet. Abschließend werden diese im Plenum (ganze Klasse) gelesen.

Hinweise: Bei größerer Anzahl an Beteiligten und je nach Möglichkeit, mehrere Gedanken zu notieren, sollten mehre „innere" Punkte vorbereitet werden, sodass entsprechend mehrere Blüten entstehen.

Beispiele:
für alle Themen aus der Biologie geeignet, z.B. für Tier- und Pflanzenarten, Blattformen, Organe

Begriffskarten, Tafel oder Overheadprojektor und Folienstifte

Begriffskarten vorbereiten

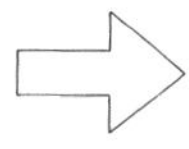

Motivierung, Einführung in ein Themengebiet,
Aktivierung von Wissen

Spielverlauf:
Zunächst wird eine Begriffskarte gezogen. Der Begriff soll für die anderen Mitspielenden zeichnerisch dargestellt werden. Diese versuchen, schnellstmöglich den Begriff zu erraten. Wer den Begriff gefunden hat, darf als Nächste / r malen bzw. zeichnen.

Für das Zeichnen sollten folgende Regel vereinbart werden: Es darf kein Begriff geschrieben werden, bei zusammengesetzten Begriffen auch keine Teile davon.

Als Anreiz könnte vereinbart werden, dass ein Begriff auch erklärt werden darf, sofern jemand nicht zeichnen möchte.

Beispiele:
Tiere, Blumen, Zelle, Blätter, Organe, Nahrungsmittel (Obst, Gemüse)

Biologiebuch, Arbeitsblatt „Biologiebuch-Rallye"

Arbeitsblatt entwerfen und vorbereiten, in Klassenstärke kopieren, Lösungsblatt erstellen

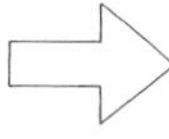

Aktivierung von Wissen, Arbeiten mit dem Lehrbuch, Motivierung, Neugier wecken

Spielverlauf:
Das Arbeitsblatt mit der vorbereiteten Rallye und Hinweisen zur Bearbeitung wird in der Klasse ausgeteilt. Alle Schüler*innen beginnen gleichzeitig mit der Bearbeitung ihrer Rally.

Variante 1: Alle arbeiten so lange, bis die Rallye vollständig gelöst ist. Wer fertig ist, vergleicht selbständig seine Lösung bei der Lehrkraft.

Variante 2: Nachdem die ersten zehn Schüler*innen fertig sind, wird das Weiterarbeiten unterbrochen. Diese Schüler*innen dürfen abwechselnd ihre Lösungen vortragen.

Beispiel:

Biologiebuchralley

Aufgabe:
Ergänze die Sätze.

Hinweis:
- Alle fehlenden Begriffe lassen sich irgendwo im Buch finden.
- Trage hinter dem Satz die Seitenzahl ein, auf der du deine Lösung gefunden hast.
- Umlaute werden nicht umgeschrieben, bleiben also ä, ü, ö.
- Die eingerahmten Buchstaben ergeben fortlaufend gelesen den Namen eines berühmten Biologen.

1. Tiere sind

___ ▒ ___ ___ ___ ___ ___ ___ Seite:

2. In der Biologie werden verschiedene Tiergruppen unterschieden. Die Katze ist ein

___ ___ ___ ___ ▒ ___ ___ ___ ___ Seite:

3. Ein Teilgebiet der Biologie ist die

___ ___ ___ ___ ___ ▒ Seite:

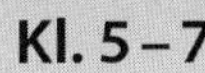

Arbeitsblatt „Steckbrief"

Arbeitsblatt, in Klassenstärke kopieren

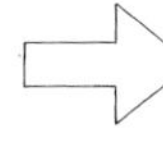

Aktivierung von Wissen, Motivierung, Neugier wecken für neue Inhalte, Recherchieren und Zuordnen von Wissensinhalten

Spielverlauf:
Gesucht sind zunächst thematische Begriffe. Zu Beginn liest die Lehrkraft z.B. die Namen einiger Schmetterlinge vor. Einige Fakten werden hinzugefügt, sodass die Schüler*innen selbst auf die Insektenordnung (→ Schmetterlinge) kommen können.

Im Anschluss werden in Zweierteams die Steckbriefe zu ausgewählten Schmetterlingen erstellt.

Beispiel:

Einführungstext:
Schornsteinfeger, großer Fuchs, goldene Acht, Hufeisenklee-Gelbling, Admiral, Monarch, Ochsenauge, Feuerfalter – alle sind irgendwie dasselbe.

Was?
Es gibt knapp 160 000 beschriebene Arten. Nach den Käfern die artenreichste Insektenordnung ...

Steckbrief

Name:	Monarchfalter
Lateinischer Name:	Danaus plexippus
Klasse:	Insekt (Wanderfalter)
Größe:	8 – 12 cm
Alter:	als Falter: ein Monat
Aussehen:	orange Grundfarbe, schwarz-weiße Zeichnungen, Adern schwarz und Flügelrand schwarz mit weißen Punkten
Ernährungstyp:	Pflanzenfresser (als Raupe)
Nahrung:	Blütennektar
Verbreitung:	Nordamerika, nördliches Südamerika, Mexiko, Neuseeland
Lebensraum:	offene Landschaften in Seenähe
Schlaf-Wach-Rhythmus:	Tagfalter
Natürliche Feide:	eine Ameisenart, großer chinesischer Mantis
Fortpflanzung:	vom Ei zur Raupe zur Puppe zum Schmetterling
Sozialverhalten:	schwarmbildend
Vom Aussterben bedroht:	nein, gilt als Naturphänomen

Plakat „Wildwiese“, „Blüten“ (jeweils als A4-Vorlage)

Plakat „Wildwiese“ im A3-Format ausdrucken (oder zwei A4-Kopien zusammensetzen), Blütenvorlage ausdrucken bzw. kopieren

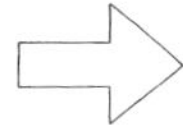

Motivierung, Aktivierung und Reproduktion von Wissen, Wiederholung von Lerninhalten, Recherchieren von Wissensinhalten

Spielverlauf:
Die Klasse wird entsprechend der Themenanzahl in Kleingruppen aufgeteilt. Jede Gruppe erhält eine Blütenvorlage und soll die Blütenblätter entsprechend ihres Themas füllen. Gesucht werden Begriffe, die alle zu einem bestimmten Inhalt passen. Jeweils ein Begriff wird dabei in ein Blütenblatt eingetragen. Die Anzahl der Blüten und Blütenblätter, die zu beschriften sind, ist dabei variabel. Welche Wiese blüht am schönsten (bzw. umfasst die meisten beschrifteten Blüten)?

Das Thema kann von der Lehrkraft oder von der Klasse vorgegeben werden. Die Blüten werden ausgeschnitten und auf dem Bild der Wildwiese aufgeklebt.

Hinweis: Das „Spiel“ eignet sich auch für andere Biotope, wie z.B. Wald, Wüste, Teich. Entsprechend sollten dann die Hintergrund-Grafik und die Beschriftungs-Vorlagen angepasst werden. Beim Wald würde sich zum Beschriften z.B. eine Laubblatt-Form (Kontur eines Eichen- oder Buchen-Blattes) eignen.

Beispiele:
Themenvorschläge:
Gräser, Wildblumen und Kräuter, Kriechtiere, Insekten

variabel

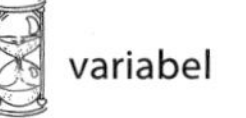

 Plakate, Aufgabenkarten

 Klassenplakat vorbereiten

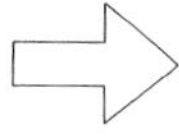 Sichern und Üben von Wissensinhalten, Aktivierung von Wissen, Recherchieren von Inhalten, Präsentieren von Arbeitsergebnissen

Spielverlauf:
Begonnen wird mit einem gemeinsamen Klassenplakat. Das Plakat enthält in der Mitte ein Bild zum eigentlichen Projektthema, z. B. Insekten. Wie bei einer Mindmap finden nun Vierer-Kleingruppen ein Unterthema, welches am Plakat eingetragen wird. In Gruppenarbeit soll nun ein Lernplakat erstellt werden. Zudem werden drei bis fünf Aufgabenkarten zum Inhalt des Lernplakates gestaltet. Abschließend erfolgen Austausch und Reflexion zwischen den einzelnen Gruppen über einen „Gallery walk".

Dazu werden die Lernplakate großzügig im Raum und eventuell auf dem angrenzenden Flur ausgehängt. Je zwei Schüler*innen einer Kleingruppe bleiben beim Plakat, um die vorbereiteten Aufgaben zu stellen und Nachfragen zu beantworten. Alle anderen „besuchen" die Gallery in einem Rundgang. Nach einer vorher vereinbarten Zeit wird gewechselt.

Hinweise: In Vorbereitung der Gruppenarbeit sollten Regeln für die Gestaltung des Lernplakates vereinbart werden (Größe des Plakates, Größe von Abbildungen, Gliederung etc.). Auch für den „Gallery walk" sollten vorab Verhaltensregeln angesprochen bzw. vereinbart werden.

Beispiele:
Säugetiere, Insekten, Haustiere, Tiere des Waldes, Pflanzenfamilien, unser Skelett, gesund Leben, Sinne und Wahrnehmung, Tiere und Pflanzen im Wechsel der Jahreszeiten

7 Hotline

Postkarten

Blätter im Postkartenformat zuschneiden (pro Schüler*in drei Postkarten)

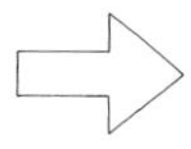

Motivierung und Aktivierung von Wissen, Neugier wecken, Mitgestaltung und Hinterfragen von Wissensaneignung

Spielverlauf:
Die Lehrkraft eröffnet als Spielidee eine besondere Chance (in Vorbereitung auf das nächste Unterrichtsthema): Das Meeresbiologische Institut bietet gerade die einmalige Gelegenheit, bei einer eigens für Schulen eingerichteten Hotline anzurufen, um Fragen zu stellen. Jeder darf dabei nur drei Fragen stellen. Die besten zehn Fragen werden prämiert. Alle erhalten drei Postkarten, um passende Fragen zu notieren. Im Anschluss werden die Fragen vorgelesen, eingesammelt (doppelte Fragen werden aussortiert) und schließlich die besten zehn Fragen ausgesucht.

Beispiele:

1. Kann ein Fisch ertrinken?
2. Sind Fische taub?
3. Können sich Fische untereinander verständigen?

1. Wie schlafen Fische?
2. Wird ein Fisch durstig?
3. Warum haben Fische Nasenlöcher?

Materialien zum Geräusche-Erzeugen und „Geräusche-Karten“, Blanco-Postkarten

„Geräusche-Karten“ vorbereiten, indem auf Postkarten Informationen zur Erzeugung von Geräuschen geschrieben werden

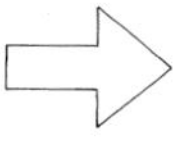
Motivierung, Trainieren der Wahrnehmung mit allen Sinnen, Schärfen der Beobachtungsgabe

Spielverlauf:
Sechs bis acht Schüler*innen einer Klasse sind „Geräusche-Erzeugende“.

Alle anderen erstellen eine „Geräusche-Landkarte“. Dafür erhalten sie zunächst eine Blanco-Postkarte und markieren in der Mitte einen Punkt, der die eigene Position darstellen soll. Danach schließen sie ihre Augen.

Die „Geräusche-Erzeugenden“ erhalten jeweils eine „Geräusche-Karte“. Sie suchen sich eine Position im Raum – nachdem alle anderen ihre Augen geschlossen haben. Die Lehrkraft gibt ein Kommando für das Erzeugen der Geräusche. Die Geräusche können einzeln (nacheinander) erzeugt werden oder alle gleichzeitig.

Auf der „Geräusche-Landkarte“ werden wahrgenommene Geräusche zunächst mit einem weiteren Punkt markiert. Mit wieder geöffneten Augen vervollständigen die Landkarten-Zeichner ihre Karte mit vermuteten Arten und Richtungspfeilen.

Hinweis: Empfohlen werden mindestens zwei Spielrunden, um auch den „Geräusche-Erzeugenden“ die Chance zum Gestalten einer „Geräusche-Landkarte“ zu geben.

Beispiele:
Geräusche: Zerknüllen von Packpapier, Anschlagen eines Stuhlbeines, in die Hände klatschen, Stimmgabel auf Resonanzkasten anschlagen, Klingeln eines Weckers, mit einem Buch auf den Tisch schlagen, Klingeln eines Handys

9 Blühkalender

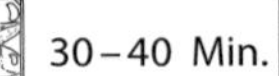
30–40 Min.

Kl. 5–8

Fotos, Bilder, Kalender, Schere, Farbstifte, Kleber, Lineal

Kalender als Tabelle vorbereiten

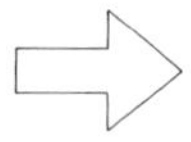

Aktivieren und Recherchieren von Wissen, Kennenlernen der Artenvielfalt, Darstellung von statistischen Daten

Spielverlauf:
Die Schüler*innen bringen Bilder oder Fotos von acht bis zehn verschiedenen Frühjahrsblühern mit. In einer vorbereitenden Hausaufgabe oder im Unterricht werden die Blühzeiten der einzelnen Pflanzen bestimmt. Die Bilder und Daten werden genutzt, um einen sogenannten „Blühkalender" zu erstellen.

Beispiele:
Blühkalender lassen sich für alle Pflanzenarten herstellen. Man kann sie auch zur Planung und zum Anlegen eines Gartens nutzen, um bei der Bepflanzung darauf zu achten, dass ständig etwas Blühendes im Garten wächst.

Frühjahrsblüher	Januar	Februar	März	April	Mai	Juni
Märzenbecher						
Krokus						
Löwenzahn						
Veilchen						

Arbeitsblatt „Uhr“, Tabelle mit den „Singzeiten“ der Singvögel, unterschiedliche Vogelgesänge

Blankouhr als Arbeitsblatt in Klassenstärke kopieren, eventuell Tabelle mit den „Singzeiten“ der Singvögel erstellen (siehe z.B. https://www.biologie-wissen.info/verschiedenes/vogeluhr/), Anleitung zur Anfertigung der Vogeluhr

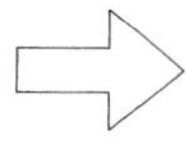

Motivierung zur Wissensaneignung, Recherchieren von Wissen, Darstellung von Daten

Spielverlauf:
Nach dem Einspielen einiger „Vogelgesänge“ fragt die Lehrkraft, ob mithilfe bekannter Vogelgesänge auch die Uhrzeit angegeben werden kann. In einem klärenden Unterrichtsgespräch wird die Machbarkeit erörtert.

Bau der Uhr:

1. Sonnenaufgangszeit deutlich markieren
2. „Singzeit“ mit einem Bogen in unterschiedlichen Farben je Vogel einzeichnen

Beispiel:

10. Mai

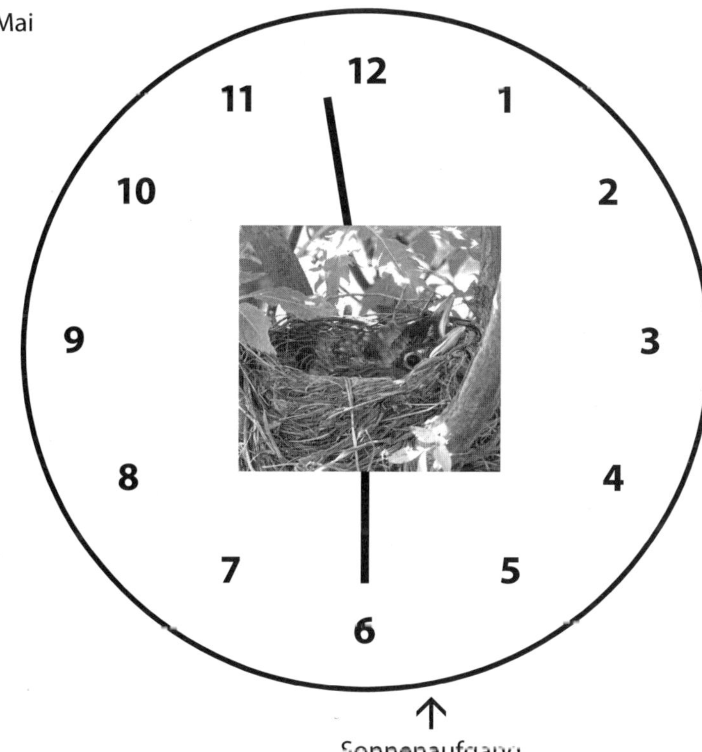

Singzeiten einiger Singvögel:

Beginn vor Sonnenaufgang (in Minuten)

- Star 15 min
- Buchfink 40 min
- Amsel 60 min
- Drossel 70 min
- Rotkehlchen 70 min
- Lerche 90 min
- Nachtigall nachts

 Bilder, Fotos, Klebestift

 „Picturetopia"-Umrisszeichnung eines erfundenen Landes auf mindestens A3-Format vorbereiten

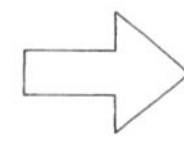 Motivierung, Aktivierung von Wissen, Einführung in das Fach Biologie oder in ein einzelnes Themengebiet, Einordnung von allgemeinem Wissen zu Fachwissen

Spielverlauf:
Als vorbereitende Hausaufgabe erhalten alle Schüler*innen die Aufgabe, Fotos und Bilder von Tieren, Pflanzen und Dingen, die ihrer Meinung nach zur Biologie gehören, mitzubringen.

Die Lehrkraft zeigt das vorbereitete Plakat mit „Picturetopia".

Als Beispiel präsentiert ein*e Schüler*in ein eigenes Bild. Dieses wird beschrieben, wobei zudem auf den biologischen Kontext verwiesen werden sollte. Danach wird dieses Bild auf „Picturetopia" aufgeklebt.

Hinweis: Vor Beginn sollten einige Beschreibungskriterien festgelegt werden.

Beispiel:

3 – 4 Blätter (A4-Format), Schere, Lineal

Faltanleitung als Kopie in Klassenstärke

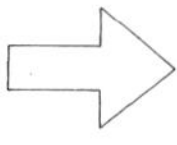
Motivierung, Aktivierung von Wissen, Neugier wecken, Arbeiten nach Anleitung

Spielverlauf:
Nach einer kurzen Einführung zum biologischen Kontext erteilt die Lehrkraft den Auftrag, ein A4-Blatt möglichst so zu falten, dass es sich leicht wieder entfalten lässt.

Nach einigen Versuchen wird die Faltanleitung zur Miura-Faltung ausgeteilt, zum selbstständigen Nachfalten.

Beispiel:
Das Falten ist eine wichtige Technik in der Natur. Pflanzen und Tiere nutzen das Falten zum Stabilisieren und Verpacken.

Schmetterlinge verbergen ihre Flügel in der Puppe und können sie schließlich entfalten. Marienkäfer verstecken ihre Unterflügel ordentlich gefaltet unter den gepunkteten Oberflügeln, wenn sie nicht fliegen.

Blüten schließen sich in der Dämmerung durch Zusammenfalten. Sie liegen zusammengefaltet in der Knospe, bevor sie sich öffnen, wie z.B. die Mohnblüte.

Faltanleitung (Miura-Faltung, nach Vorbild der Mohnknospe):

Anleitung

1. Falte ein A4-Blatt in Längsrichtung gleichmäßig, wie eine Ziehharmonika. Es sollen dabei fünf gleich große Abschnitte (jeweils 4,2 cm breit) entstehen.

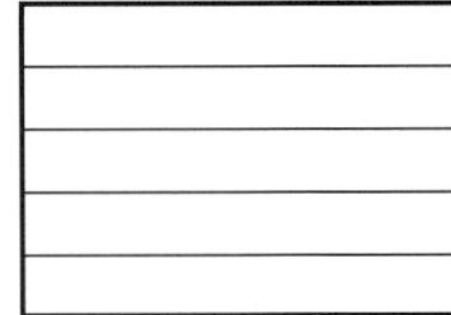

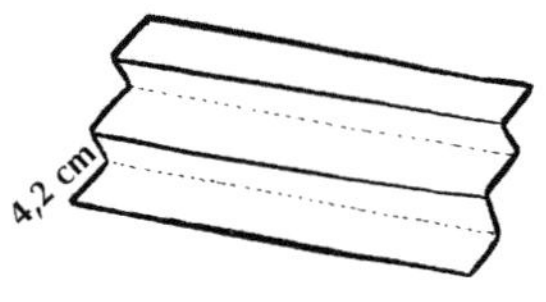

2. Falte den Papierstreifen so, dass sich zwei diagonal liegende Ecken berühren.

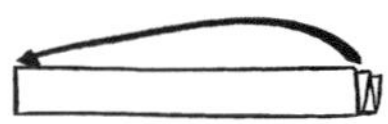

3. Zeichne eine Linie zwischen den oberen äußeren Ecken. Schneide den überstehenden Bereich ab.

4. Falte nun den Streifen gleichmäßig (und zwar parallel zu den oberen/unteren Kanten), sodass acht gleiche Parallelogramme entstehen.

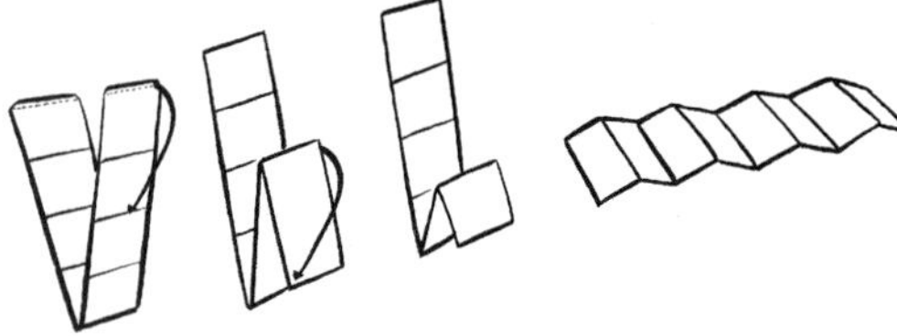

5. Diese Faltung erfolgt noch einmal in Gegenrichtung. (Innen- und Außenfaltung kehren sich um und liegen entgegengesetzt.)

6. Öffne den Streifen und falte das Papier, wie in der Abbildung (als Tal- bzw. Bergfalten).

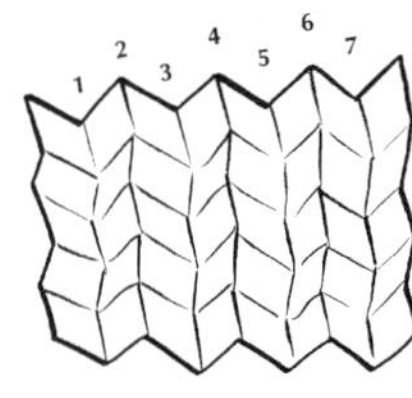

(1, 3, 5, 7: Talfalten; 2, 4, 6: Bergfalten)

7. Das so vorgefaltete Blatt lässt sich nun einfach zu einem kleinen Paket zusammenschieben und entfalten – indem an den äußeren Ecken (diagonal) geschoben bzw. gezogen wird.

(Quelle: Bionik-Sigma Education, http://education.bionik-sigma.de/experimente/miura-faltung/)

Arbeitsblatt als Kopie (in Klassenstärke)

Arbeitsblatt mit 10 Satzanfängen in Klassenstärke kopieren

Aktivierung und Wiederholung von Wissen, Sichern von Wissen, Recherchieren von Wissensinhalten

Spielverlauf:
Variante 1: Das Arbeitsblatt mit den zehn Satzanfängen und den fehlenden Ergänzungen (in ungeordneter Reihenfolge) wird an alle ausgeteilt. Aufgabe ist das Zuordnen bzw. Vervollständigen.

Variante 2: Wie Variante 1, nur erfolgen die Ergänzungen mithilfe eines Fachtextes.

Beispiele:
- Welche Funktion haben die jeweiligen Ameisen?
- Welche Funktion haben die einzelnen Organe des menschlichen Körpers?
- Welche Funktion haben die einzelnen Teile des Ohres?
- Welche Funktion haben die einzelnen Teile des Auges?

Kleine Krabbler mit großartigen Berufen

Jäger, Gärtner, Nestbauer ...

Trage ein:
Welche „Ameise" erledigt welche Aufgabe?

Jäger, Gärtner, Nestbauer, Königinnen, Hirten, Männchen, Pfleger, Straßenbauer, Transportarbeiter, Wächter

1. Den Bau vor Überfällen behüten: ____________________

2. Straßen anlegen und ausbauen: ____________________

3. Holzteile, Erde, Nadeln herbeischaffen: ____________________

4. Für den Nachwuchs sorgen: ____________________

5. ____________________: ____________________

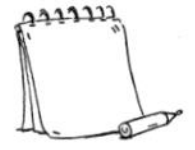

Biologiebuch

keine

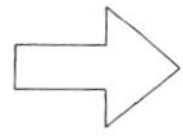

Motivierung und Aktivierung von Wissen, Reflektieren von Wissensinhalten, Kommunizieren, Kreativität

Spielverlauf:
Gespielt wird in Gruppen von maximal sechs Personen. Pro Gruppe wird eine Person bestimmt, welche das Spiel anleitet. Nach jeweils zwei Begriffen sollte diese Funktion innerhalb jeder Gruppe wechseln.

Die Spiel-leitende Person sucht im Sachwortregister des Biologiebuches einen Begriff heraus (je unbekannter und schwieriger, desto besser).

Alle Mitspielenden der Gruppe schreiben ihre mögliche Erklärung zu dem genannten Begriff auf. In dieser Zeit sucht die leitende Person die entsprechende Erklärung im Biologiebuch.

Jede*r Mitspieler*in liest die eigene Erklärung vor. Danach wird die richtige Erklärung vorgelesen. Die Gruppe stimmt darüber ab, wer am lustigsten geantwortet hat und wer der richtigen Antwort am nächsten kam.

Wer der richtigen Antwort am nächsten war, erhält 5 Punkte. Wer am Ende die meisten Punkte vorweisen kann, hat gewonnen.

Das Spiel ist beendet, wenn alle in der Gruppe einmal das Spiel angeleitet haben.

3 Zehn gewinnt

 keine

 keine

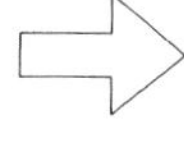 Aktivierung von Wissen, Festigen und Sichern von Wissensinhalten

Spielverlauf:
„Zehn gewinnt“ kann zu zweit oder als Spiel einer Vierer-Kleingruppe gespielt werden. Wie beim bekannten Spiel „Stadt – Land – Fluss“ beginnt jemand, für sich in Gedanken langsam das Alphabet aufzusagen, ein*e Mitspieler*in sagt irgendwann „Stopp“. Der Buchstabe, bei dem gestoppt wurde, ist der Anfangsbuchstabe des ersten Begriffs. Wer zehn Begriffe notiert hat, sagt ebenfalls „Stopp“. Alle anderen bestimmen die Anzahl ihrer gefundenen Begriffe. Diese ergibt die Punktzahl, die sich jeder notiert.

Hinweis: Vor Spielbeginn sollte geklärt werden, wie viele Runden gespielt werden.

Beispiele:

Tiere
Anfangsbuchstabe **B**

Biso**n**, **N**atte**r**, **R**att**e**, **E**lefan**t**, **T**ige**r**, **R**aup**e**, **E**se**l**, **L**ibell**e**, **E**idechs**e**, **E**ichhörnche**n**, **N**ashor**n**

Pflanzen
Anfangsbuchstabe **F**

Fliede**r**, **R**os**e**, **E**rik**a**, **A**ste**r**, **R**ingelblum**e**, **E**fe**u**, **U**sambaraveilche**n**, **N**arziss**e**, **E**nzia**n**, **N**estwurz

Zeitungsartikel/Internetrecherchen, Pappe, alte Fernbedienung

Rahmen eines Fernsehers basteln (so groß, dass ein*e Schüler*in dahinter Platz hat)

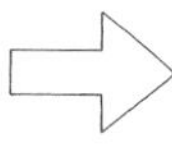
Motivierung, Aktivierung von Wissen, Recherchieren, Umgang mit Medien

Spielverlauf:
Als vorbereitende Hausaufgabe sollten alle aus der Klasse eigene Recherchen zu ökologischen Problemen durchführen und Zeitungs- oder Internetartikel sammeln. Unter dem Thema „News" spielen sie im Unterricht eine Nachrichten-Sondersendung und lesen als Nachrichtensprecher*innen ihren mitgebrachten Artikel vor.

Ein*e Schüler*in sollte moderieren und die Überleitung zwischen den einzelnen Artikeln sprechen, sodass die Zeit der Sprecherwechsel überbrückt wird.

Beispiele:
Vom Aussterben bedrohte Lebensarten, Umweltverschmutzung, gesunde Ernährung, Tierschutz, Massentierhaltung, Gesundheit, Gentechnik

Vom Aussterben bedrohte Tiere

Amurleopard

Wissenschaftlicher Name: *Panthera pardus orientalis*

2007 gab es in freier Wildbahn nur noch 14 bis 20 erwachsene Tiere und 5 bis 6 Jungtiere
Mitte 2015: Bestand in Russland und China: 86 wildlebende Tiere

Bedrohungen: Verlust des Lebensraumes, Wilderei, Beutetiermangel

Der Amurleopard lebt in Wäldern und Bergen im Nordosten Chinas und der koreanischen Halbinsel sowie in Russland. Sein Revier verläuft meist um ein Flussbett herum. Er hat besonders weiches, dichtes und langes Fell.

(Quellen: https://de.wikipedia.org/wiki/Amurleopard)

Labyrinth (als Zuordnung) bzw. „Irrgarten“

Spielvorlage als Arbeitsblatt oder Flipchart vorbereiten und kopieren. (Ein Labyrinth ist einfach mit einer dreispaltigen Tabelle herzustellen: In die rechte Spalte Fakten eintragen, in die linke Spalte ungeordnet die entsprechenden Bilder oder Begriffe einfügen. Im Mittelteil Zeilen verbinden und Labyrinth-Spuren zeichnen.) Kopierte Arbeitsblätter in einzelne Segmente zerschneiden und in Umschlägen aufbewahren.

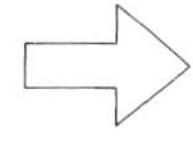

Motivierung, Aktivierung von Wissen, Üben und Festigen, Selbstkontrolle

Spielverlauf:
Die Fakten sollen den jeweiligen Bildern oder Begriffen zugeordnet werden. Mithilfe des Labyrinth-Weges lässt sich die Zuordnung eigenständig überprüfen.

Beispiele:
Hormone

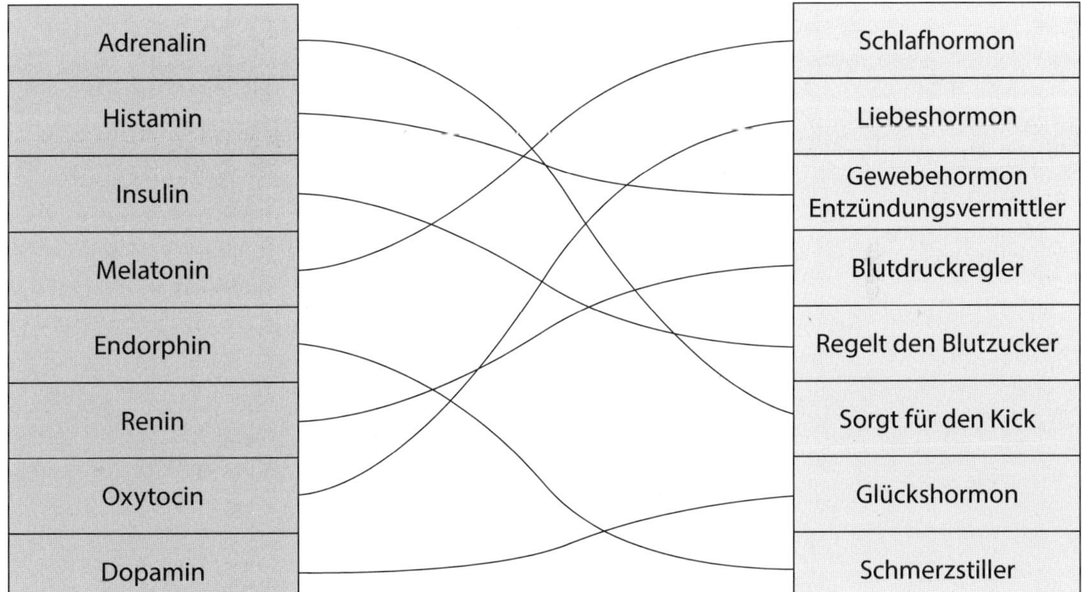

Arbeitsheft, Arbeitsblatt, Karteikarten oder Flipchart für Aktivbord

Karteikarten (oder Flipchart) mit mindestens zwei, maximal drei Hinweisen zu unterschiedlichen Materialien vorbereiten

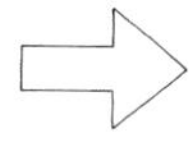

Wiederholen und Aktivieren von Wissen, Arbeiten mit dem Buch, Arbeiten mit dem eigenen Arbeitsheft

Spielverlauf:
Variante 1: Entweder 30 Karteikarten oder zwei Sätze von je 15 Karteikarten anfertigen. Am besten sollten die Karteikarten durchnummeriert werden, um einfacher vergleichen zu können. Jede*r Schüler*in erhält verdeckt eine Karteikarte am Platz. Auf Kommando drehen alle ihre Karteikarte um und finden den gesuchten Begriff als Gedächtnisleistung oder mithilfe der eigenen Aufzeichnungen oder auch eines Biologiebuches. Im Biologieheft oder auf einem vorbereiteten Arbeitsblatt notieren sie die Kartennummer und den gefundenen Begriff. Dann geben sie ihre Karteikarte im Uhrzeigersinn weiter. Die Lehrkraft entscheidet, wie oft eine Karteikarte weitergegeben wird, ob also 10, 15 oder 30 Runden gespielt werden.

Variante 2: Die Karteikarten werden als Seiten einer Flipchart vorbereitet. Nacheinander wird je eine „Karteikarte" gezeigt bzw. eingeblendet. Alle Schüler*innen notieren gleichzeitig den gesuchten „Begriff".

Beispiele:

1. Wer bin ich?

Ich bin ursprünglich ein Waldbewohner und ernähre mich von Samen und Früchten und gehöre zur Gattung der Baumhörnchen.

2. Was bin ich?

Ich bin Träger der Erbinformationen.

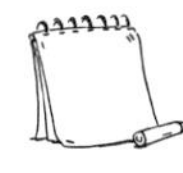

Wanted-Plakat A4

Wanted-Plakat A4 zu Tieren oder Pflanzen gestalten (z.B. über „https://druckeselbst.de/“) und ausdrucken

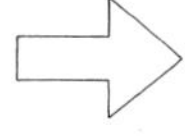

Motivierung, Aktivierung von Wissen, Interesse wecken, Reflektieren von Wissensinhalten

Spielverlauf:
Die Lehrkraft liest zunächst ein „Wanted“ (Steckbrief) vor, ohne das Bild der entsprechenden Pflanze oder des Tieres zu zeigen. Die Schüler*innen erhalten nach jeder einzelnen Information die Gelegenheit, die gesuchte Pflanze bzw. das Tier zu benennen.

Kann anhand dieser Informationen noch nicht erraten oder erkannt werden, was gesucht ist, wird der Steckbrief mit Bild ausgehängt.

Beispiele:
Säugetiere, Vögel, Tiere im Zoo, Haustiere, Insekten, Kräuter, Nutzpflanzen, Obstbäume und Sträucher

WANTED

Schwarzbär

Ordnung: Säugetier
Sohlengänger
100 bis 350 kg
von Natur aus sehr scheu
liebt Beeren, Insekten, Fische
Kosename: Meister Petz

WANTED

Narzissen
(Osterglocken)

Blume
Frühjahrsblüher
Wurzel: Zwiebel
Blütenfarbe: gelb, weiß
Blütenform: Glockenförmig
Standort: Garten
(ursprünglich Südwesteuropa,
Nordwestafrika)

Lückentext

Lückentext als Arbeitsblatt pro Gruppe

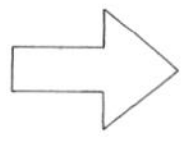

Motivieren, Aktivieren von Wissen, Unterstützung des Selbstlernens, Strukturierung

Spielverlauf:
Die Klasse wird in kleine Arbeitsgruppen (4 – 6 Personen) aufgeteilt. Jede Gruppe erhält einen Lückentext (jeweils den gleichen oder differenzierte Varianten). Der Reihe nach tragen alle Gruppenmitglieder ihr jeweils gefundenes Lösungswort ein bzw. bearbeiten einen Lösungssatz. Erkennt jemand, dass im unmittelbaren Vorfeld ein Fehler gemacht wurde, gibt er das Blatt an diese Person zurück, sodass der Fehler eigenständig korrigieren werden kann. Das Arbeitsblatt wird so lange im Uhrzeigersinn weitergereicht, bis es vollständig bearbeitet ist.

Variante 1: Die fehlenden Begriffe können ebenfalls auf dem Arbeitsblatt in ungeordneter Reihenfolge aufgedruckt sein (was besonders sinnvoll bei Einführungstexten in eine neue Thematik ist).

Variante 2: Die fehlenden Begriffe für die einzelnen Lücken müssen von den Schüler*innen selbst gefunden werden.

Hinweis: Das Ganze kann als Wettbewerb zwischen den Gruppen gestaltet werden, dadurch wird der spielerische Charakter betont.

Beispiel: **„Hört ihr die Regenwürmer husten …"**

Der Regenwurm – das nützlichste Tier der Erde

Regenwürmer ______________ den Boden. Kein Tier lebt so ______________ und unscheinbar. Dabei ____________ es so viel für den Menschen. Nachts und an ______________ verlässt das lichtscheue Tier seine Röhre. Dabei zieht es ______________ und Halme in den Boden. Bevor der Regenwurm sie frisst, speichelt er sie ein und lässt sie ______________. Im Darm vermischen sie sich mit Erde zu nährstoffreichem ______________. Dieser wird in sogenannten ______________ ausgeschieden. Im Laufe eines Sommers wandern etwa ______________ durch ein einziges Tier. Auf einer ein Hektar großen Wiese werden etwa ______________ 2,5 kg Humus erzeugt. Je mehr Regenwürmer im Boden leben, desto ______________ ist er. Leider schaden ______________ und Überdüngung dem Tier. Damit ist der Mensch nicht Freund sondern oft ______________.

Umweltgifte, Feind, verbessern, Regentagen, Humus, vermodern, genügsam, Wurmhäufchen, 3 kg, Blätter, pro Stunde, fruchtbarer, leistet

12 gleiche, undurchsichtige, verschließbare Becher (Kaffee to go, Joghurtbecher), Duftstoffe, Wattepads oder geruchlose trockene Brillenputztücher, schwarzer Stift (permanent), blanco-Postkarten, Stift

Je zwei Becher mit dem gleichen Duftstoff befüllen und verschließen, nummerieren (nicht fortlaufend)

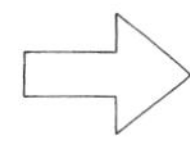

Motivierung, Aktivierung von Wissen, Erkennungsübung, Beobachten mit allen Sinnen

Spielverlauf:
Die Duftstoff-Becher werden auf einem gesonderten Tisch im Raum aufgereiht. Zusätzlich werden die blanco-Postkarten und ein Stift bereitgelegt.

Kleingruppen von drei bis vier Personen gehen jeweils zum Tisch und finden heraus, welche Becher den gleichen Duftstoff enthalten. Dazu wird der Becher geöffnet und der Duft wird sich zugefächelt. Ist sich die Gruppe einig, werden die Nummernpaare auf einer Postkarte notiert. Bevor die Gruppe den Tisch verlässt, muss sie die Becher für die nächste Gruppe wieder aufreihen (ungeordnet).

Hinweis: Der nicht zur Gruppe gehörende Teil der Klasse sollte zwischenzeitlich andere Aufgaben lösen.

Beispiele:

1 7	Wattepad mit Nagellackentferner	2 5	Teebeutel mit Pfferminztee
3 8	Wattepad mit Schampoo (fruchtig)	12 10	Saure Milch
4 6	Halbe Orange	9 11	Halbe Zwiebel

Hinweis: Achtung! Keine allergenen Duftstoffe verwenden.

Biologiebuch (eventuell), Biologieheft mit eigenen Aufzeichnungen

keine

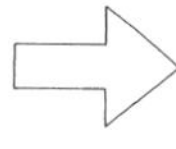
Wiederholen und Sichern von Wissensinhalten am Ende einer Themenreihe

Spielverlauf:
Gearbeitet wird in drei Phasen.

Phase 1: Alle haben in Einzelarbeit ungefähr zehn Minuten Zeit, jeweils fünf bis zehn „Interviewfragen" zu notieren.

Phase 2: Beginn der Interviews zu zweit: Ein*e Schüler*in stellt die notierten Fragen und macht sich Notizen zu den Antworten.

Phase 3: Rollentausch in der Arbeit zu zweit: Die ursprünglich Frage-Stellenden werden zu Antwortenden.

Beispiele:
Mögliche Interviewfragen:

Biologie – eine Naturwissenschaft	**Drogen und Suchtmittel**
1. Warum wird die Biologie als Naturwissenschaft bezeichnet?	1. Was sind Drogen, was sind Suchtmittel?
2. Nenne vier weitere Naturwissenschaften.	2. Was können Drogen bewirken?
3. Nenne die wichtigsten Tätigkeiten beim Experimentieren.	3. Unter welchen Bedingungen können Drogen hilfreich sein?
4. Nenne drei Teilgebiete der Biologie.	4. Was besagt das Betäubungsmittelgesetz?
5. In welcher Naturwissenschaft untersucht man Folgendes: Erforschen von Pflanzenarten?	

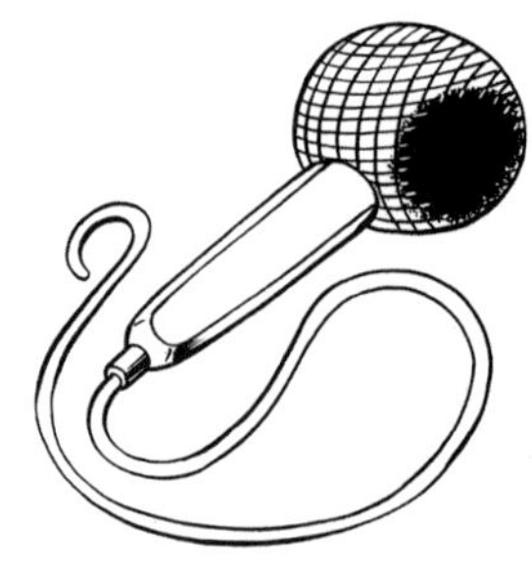

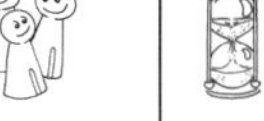

keine

keine

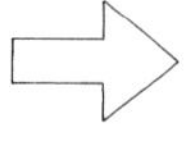
Motivierung, Aktivierung von Wissen, Reproduktion von Wissensinhalten, Förderung von Kommunikation und Sprachleistungen

Spielverlauf:
Die Klasse wird in zwei gleich große Gruppen aufgeteilt. Jede Gruppe wählt drei Expert*innen. Die restlichen Gruppenmitglieder erfüllen journalistische Aufgaben. Das Thema der Pressekonferenz wird von der Lehrkraft vorgegeben und kann von der Klasse eventuell in einer Hausaufgabe vorbereitet werden. Die Aufgaben sind einfach: Expert*innen beantworten die Fragen der Journalist*innen. Hierbei sollte Wert auf „investigatives Vorgehen" gelegt werden: In ihrer Rolle decken diese durch ständiges Nachfragen sozusagen „Ungereimtheiten" auf. Den Expert*innen sollte es gelingen, auf alle Fragen eine passende Antwort zu haben.

Variante 1: Variante 1 ist die zeitlich kürzere Spielform.
Hier wird die Klasse nicht aufgeteilt. Es werden fünf Expert*innen bestimmt. Die „investigativen" Fragen der Journalist*innen beziehen sich nur auf die direkt vorhergehende Stunde.

Variante 2: Variante 2 ist die zeitlich längere Spielform.
Das Thema sollte möglichst als vorbereitende Hausaufgabe aufgegeben werden. Diese Spielform kann für das Thema einer ganzen Unterrichtsreihe genutzt werden.

keine

keine

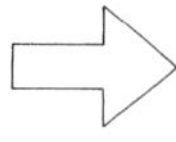

Aktivierung von Wissen, Verständnis biologischer Sachverhalte, Übersetzen von fachlichen Inhalten in andere Darstellungsformen, Trainieren sprachlicher Mittel

Spielverlauf:
Ein vorgegebener biologischer Inhalt bzw. Fachtext soll in einen Text für ein Theaterstück umgeschrieben werden. Dabei wird vor allem auf gute Ausdrucksweise und eine szenisch-logische Abfolge geachtet. Im Anschluss können Einzelne in Form eines Schauspiels oder Puppenspiels das entstandene „Theaterstück" vorstellen.

Hinweis: Das Präsentieren sollte im Vorfeld abgeklärt werden. Es besteht auch die Möglichkeit, zu zweit oder Kleingruppen bis zu vier Personen zu arbeiten.

Beispiele:
Geeignet sind alle prozessbezogenen biologischen Vorgänge:
z.B. Wachstum von Pflanzen, Fortpflanzung von Tieren, Funktionsweise von Organen, Photosynthese, Verdauungsprozess, Wirkung von Antibiotika

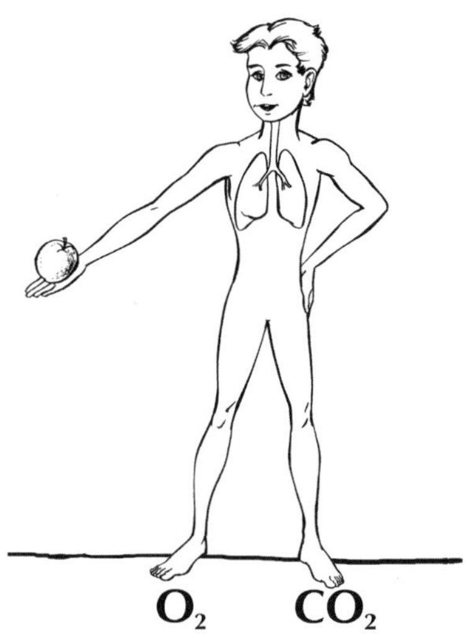

Plastikbecher (leerer Joghurtbecher), Gips (Pulver), Wasser, getrocknete Bohnen

keine

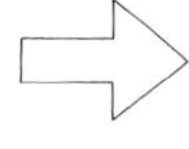

Entdecken von Phänomenen, Aktivierung von Wissen, Motivieren, Protokollieren und Beobachten üben

Spielverlauf:
Was ist zu tun?
Wie kann die Bohne den Gips sprengen?

Den Gips zu einem dickflüssigen Brei anrühren (1 Becher Wasser zu einem Becher Gips). Einige getrocknete Bohnen in den Brei geben. Das Gemisch in den Plastikbecher füllen und für ca. eine Woche Licht-zugänglich aufstellen.

Hinweis: Das Gemisch möglichst zügig in den Becher geben, weil es sonst aushärtet.

Was ist passiert?
Der Gips bricht auf und Bohnenkeimlinge kommen zum Vorschein.

Der Gips beginnt zu trocknen, die Bohnenkerne nehmen einen Teil des Wassers auf. Nach und nach quellen die Bohnenkerne, es entwickeln sich Bohnenkeimlinge. Die Keimlinge nehmen immer mehr Wasser auf und wachsen weiter. Den Gips sprengen sie einfach auf, weil er ihrem Wachstum im Wege steht.

Biologiebuch

keine

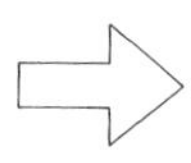

Entdecken biologischer Phänomene, Experimentieren und Protokollieren üben bzw. lernen, Motivieren, Aktivierung von Wissen, Schulung des eigenen Körperbewusstseins

Spielverlauf:
Was ist zu tun?
Die Lehrkraft leitet das Experiment an:
Stelle dich mit geschlossenen Füßen gerade so an die Wand, dass deine Fersen die Wand berühren. Hebe nun das vor dir liegende Biologiebuch auf.

Hinweis: Achte darauf, dass deine Fersen an der Wand bleiben.

Was ist passiert?
Beim Versuch, das Buch aufzuheben, ist ein „Überkippen" unvermeidbar.

Unser Körper hat einen Schwerpunkt, welcher sich im Stehen ungefähr in Hüfthöhe befindet. Der Körperschwerpunkt ist Angriffspunkt der Schwerkraft bei jeder Bewegung. Wenn wir uns bewegen, verändert sich die Masseverteilung, der Körperschwerpunkt verschiebt sich. Bücken wir uns – direkt an der Wand stehend – können wir unseren Körperschwerpunkt nicht ausgleichend nach hinten verschieben, wir kippen also nach vorn.

 A4-Blatt

 keine

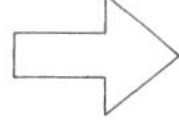 Entdecken und Verstehen biophysikalischer Phänomene, Motivierung, Durchführung von Beobachtungen, Aktivierung von Wissen

Spielverlauf:

Was ist zu tun?

Die Lehrkraft leitet das Experiment wie folgt an: (als Demonstration vor der Klasse oder von allen durchzuführen)

Rollt das Blatt Papier über die längere Seite zu einer Röhre zusammen. Seht mit dem rechten Auge hindurch, ohne dabei das linke Auge zu schließen (bzw. umgekehrt). Haltet gleichzeitig die flache linke Hand an die Papierröhre. Die linke Hand sollte sich dabei nicht zu dicht am rechten Auge befinden. Wartet einige Sekunden ab. Beobachtet genau.

Was ist passiert?

Unsere Augen unterliegen einer optischen Täuschung. Sie nehmen zwei unterschiedliche Bilder war. Während das linke Auge die Hand sieht, schaut das rechte in die Röhre. Es nimmt nur einen kleinen Ausschnitt seiner Umgebung wahr.

Das Gehirn setzt die zwei unterschiedlichen Bilder von jedem Auge zu einem Bild zusammen. Dadurch entsteht der Eindruck, dass sich in der Hand ein Loch befindet. Wir sehen quasi etwas, was so „nicht zu sehen" ist.

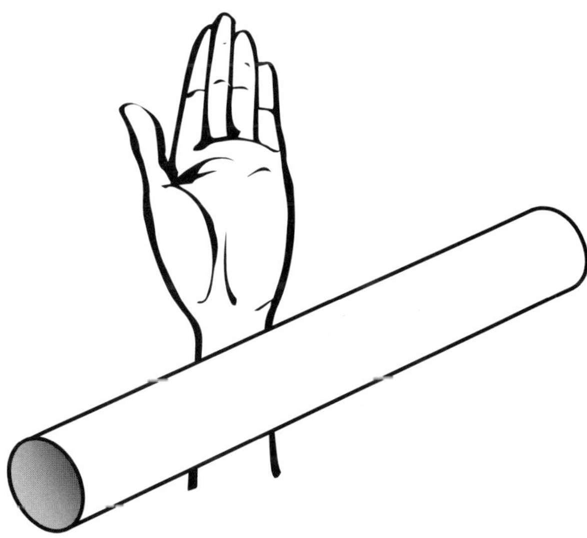

 2 gespitzte Bleistifte, Tesafilm oder anderes Klebeband

 keine

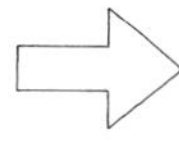 Motivierung, Entdecken biologischer Phänomene aus dem Bereich Sinne, Protokollieren, Beobachten mit allen Sinnen

Spielverlauf:
Was ist zu tun?
Die Lehrkraft leitet das Experiment wie folgt an:
Setzt oder stellt euch paarweise zusammen. Klebt die beiden Bleistifte zur Vorbereitung so mit dem Tesafilm zusammen, dass sich die Spitzen auf gleicher Höhe befinden.

Eine Person schließt die Augen. Die andere Person streicht dieser vorsichtig mit den „Doppel-Bleistiften" über die Haut. Dabei wird mal mit einer Spitze und mal mit beiden Spitzen an unterschiedlichen Bereichen leicht über die Körperpartie gezogen (Handfläche, Rücken, Wange, Hals, Ellenbogen, Oberarm, ggf. Zunge …)

Die Person mit geschlossenen Augen sagt jeweils, ob sie eine oder beide Spitzen gespürt hat. Prüft: Sind alle Zuordnungen richtig? Wechselt anschließend die Rollen.

Was ist passiert?
Sehr wahrscheinlich sind nicht alle Zuordnungen richtig.

Kleine Sensoren, sogenannte Rezeptoren, sind für unseren Tastsinn verantwortlich. Die Sensoren sind in unterschiedlicher Weise (bzw. Dichte) an unserem Körper verteilt. Der Tastsinn ist z.B. an den Fingerspitzen viel stärker ausgeprägt als am Rücken: An den Fingerspitzen – genauso wie an den Fußsohlen oder auf der Zunge – gibt es sehr viele Rezeptoren auf engem Raum. Hier sind wahrscheinlich beide Spitzen zu spüren. Auf dem Rücken liegen die Rezeptoren bis zu 7 mm weit auseinander. Hier ist überwiegend nur eine Spitze zu spüren – auch bei parallelem Überstreifen der Körperpartien.

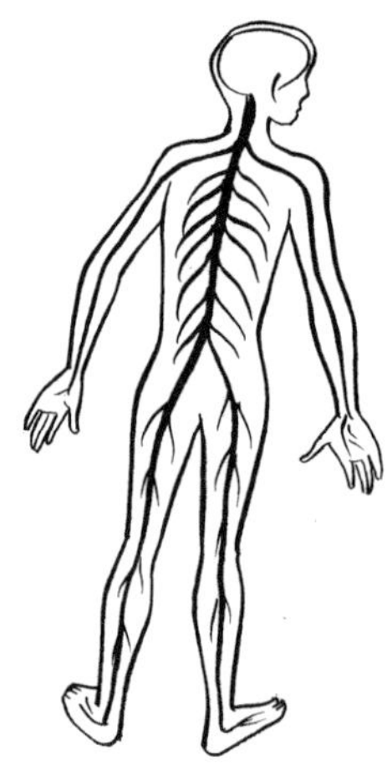

 Bleistift

 keine

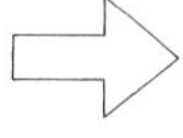 Motivieren, Aktivierung von Wissen, Experimentieren, Entdecken biologischer Phänomene, Beobachten mit allen Sinnen

Spielverlauf:
Was ist zu tun?
Die Lehrkraft leitet das Experiment wie folgt an:
Ausgangsfrage: *„Wie viele Bleistifte spürst du?"*

Klemme einen Bleistift zwischen deine gekreuzten Zeigefinger und Mittelfinger. Bewege mit deiner anderen Hand bei geschlossenen Augen den Bleistift langsam auf und ab.

Was ist passiert?
Es fühlt sich an, als ob wir zwei Bleistifte berührten.
Unser Tastsinn lässt sich täuschen.

Normalerweise kann ein einzelner Bleistift nicht gleichzeitig die Außenseite des Zeigefingers und die Außenseite des Mittelfingers berühren. Diese Art des Berührens hat sich in unserem Gehirn nicht abgespeichert. Unser Gehirn interpretiert diesen Berührungsreiz als Reiz von zwei Gegenständen – so lange unsere Augen geschlossen sind.

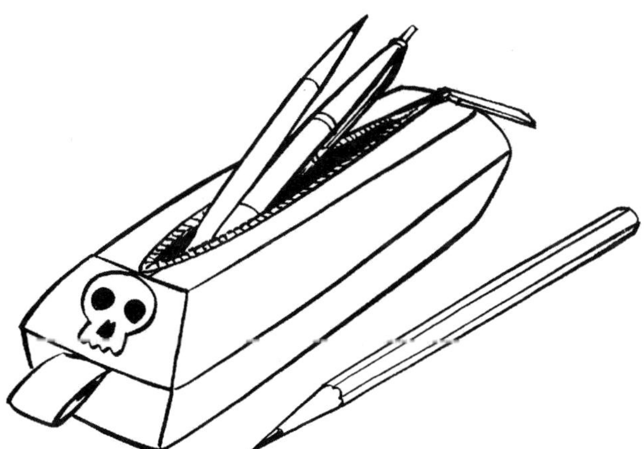

Ei, Essig, Schüssel

Ei frisch (hart) kochen

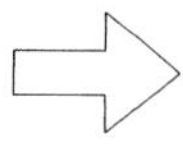

Entdecken von Phänomen, Aktivierung von Wissen, Motivieren, Protokollieren und Beobachten üben

Spielverlauf:
Was ist zu tun?
Die Lehrkraft leitet das Experiment wie folgt an:
Ausgangsfrage: *„Kann man ein Ei wachsen lassen?“*

Schält das hartgekochte Ei, legt es in eine Schüssel mit Essig. Lasst alles für 3 bis 4 Stunden stehen. Nehmt danach das Ei aus der Schüssel und spült es mit Wasser ab. Legt das abgespülte Ei in eine Schüssel mit Wasser und wartet ca. 12 Stunden.

Was ist passiert?
Das Ei ist um einiges größer geworden.

In der „Wartezeit“ läuft ein Zersetzungsprozess statt. Die Säure des Essigs zersetzt das Eiweiß und es kommt zu einer Gasentwicklung. Die Eihaut lässt sich bis zu einem bestimmten Punkt dehnen, da Eiweiß von seiner Struktur her dehnbar ist.

Kerze mit Halter (standfest) oder Teelicht, Streichhölzer oder Feuerzeug, möglichst große Feder (Ente oder Gans, Schwingfeder), postkartengroßes Papier als Unterlage

keine

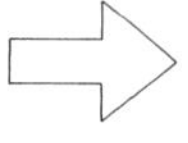

Entdecken biologischer Phänomene, Aktivierung von Wissen, Motivieren, Protokollieren und Beobachten beim Experimentieren

Spielverlauf:

Was ist zu tun?

Die Lehrkraft leitet das Experiment wie folgt an:
Ausgangsfrage: *„Kann man die Kerzenflamme durch die Feder hindurch auspusten?"*

Stelle eine Kerze mittig auf die Postkarte und zünde sie an. Nimm eine Feder und puste durch die Feder hindurch – um die Kerze dahinter auszublasen.

Was ist passiert?

Die Kerze lässt sich nicht durch die Feder hindurch auspusten. Eine Feder besteht aus mehreren Teilen. Vor allem Äste, Bögen und Hakenstrahlen der Feder bilden eine windundurchlässige Fläche.

frische grüne Laubblätter, Messer, kleine Schale (Petrischale), Mörser, Stück weiße Kreide, Brennspiritus

keine

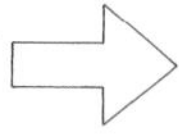

Entdecken biologischer Phänomene, Aktivierung von Wissen, Motivieren, Protokollieren und Beobachten beim Experimentieren

Spielverlauf:
Was ist zu tun?
Die Lehrkraft leitet das Experiment wie folgt an:
Ausgangsfrage: „*Woher kommt die gelbe Farbe im grünen Blatt?*"

Zerschneide die Blätter und zerstampfe sie mit dem Mörser. Gib den „Blätterbrei" in die Schale und gieße Brennspiritus darüber, sodass alles bedeckt ist. Stelle das Stück Kreide aufrecht in die Mitte des Breis.

Was ist passiert?
An der Kreide zeigt sich ein grünes, gelbes bis rotes Streifenmuster.

Die Blätter enthalten Chlorophyll. Durch das Zerkleinern und Zerstampfen der Blätter werden die Zellwände der Blätter zerstört und das Chlorophyll breitet sich im Brennspiritus aus. Die Kreide wirkt wie ein Schwamm. Der Spiritus steigt in der Kreide auf und in der Kreide sieht man von unten nach oben eine grüne, gelbe bis rote Farbschicht.
In grünen Blättern gibt es also auch noch weitere Farbstoffe, neben den grünen.

Blumen mit weißen bzw. hellen Blüten (z.B. Nelken oder Tulpen), 3 bis 5 Glasflaschen, Lebensmittelfarbe, Wasser, Gemüsemesser oder Schere

keine

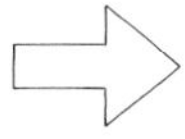
Entdecken biologischer Phänomene, Aktivierung von Wissen, Motivieren, Protokollieren und Beobachten beim Experimentieren

Spielverlauf:
Was ist zu tun?
Die Lehrkraft leitet das Experiment wie folgt an:
Ausgangsfrage: *„Kann aus einer weißen Blüte eine rote oder blaue Blüte werden?"*

Füllt die Flaschen mit Wasser, vergleichbar einer Blumenvase. Gebt dem Wasser jeweils eine Lebensmittelfarbe hinzu. Rührt alles gut um bzw. schüttelt es. Schneidet die Stiele der Blumen schräg an. Gebt jeweils eine Blume in eine „Vase".

Was ist passiert?
Die weißen Blüten färben sich entsprechend der Lebensmittelfarbe des Glases, in dem sie stehen.

Über ihren Stiel nimmt die Pflanze das gefärbte Wasser auf. Das aufgenommene Wasser verdunstet an den Blättern und Blüten, die Farbteilchen nicht. Sie lagern sich an den Blüten an.

Hinweis: Frische Blumen sind nötig, da die Wasseraufnahme der Schnittblumen begrenzt ist.

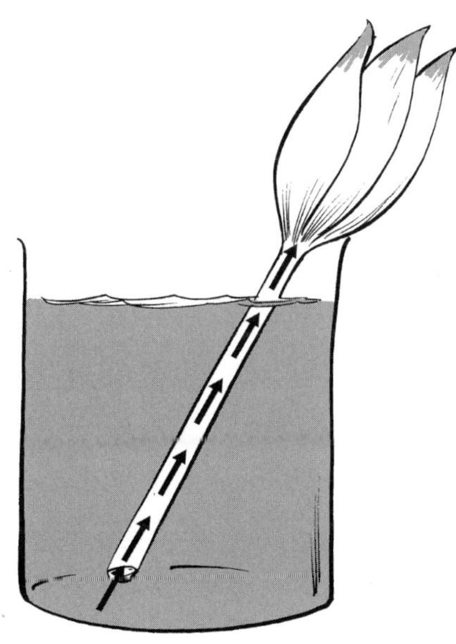

10 Biegsame Knochen

1 Woche

Kl. 7 – 9

Schale mit Deckel, Knochen (Essensreste Hühnchen), Essig

Knochenreste säubern (fleischfrei)

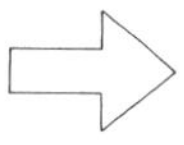

Entdecken von Phänomenen, Aktivierung von Wissen, Motivieren, Protokollieren und Beobachten beim Experimentieren

Spielverlauf:

Was ist zu tun?

Die Lehrkraft leitet das Experiment wie folgt an:
Ausgangsfrage: *„Kann man einen Knochen biegsam machen?"*

Legt die gesäuberten Knochen so in eine verschließbare Schale mit Essig, dass die Knochen vollständig mit Essig bedeckt sind. Lasst alles für einen Tag ruhen. Wechselt nach einem Tag den Essig und lasst es erneut ruhen. Wiederholt diesen Vorgang an fünf bis sieben Tagen hintereinander.

Was ist passiert?

Der Knochen ist nach ca. einer Woche weich und biegsam.

Essig ist ein Kalklöser. Knochen enthalten Kalk. Die Säure des Essigs löst also nach und nach den Kalk im Kochen auf. Der Kalk im Knochen sorgt aber für die Härte und Stabilität. Dadurch, dass der Essig den Kalk auflöst, verliert der Knochen seine Härte, er wird weich und biegsam.

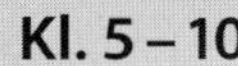

farbiges Tonpapier: rot, grün, gelb

im Postkartenformat farbige Karten (jeweils rot, grün und gelb) als Klassensatz zuschneiden

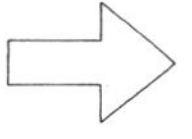

Wiederholung und Aktivierung von Wissen „quer durch die Biologie" oder zu speziellen biologischen Themen

Spielverlauf:
Die Lehrkraft teilt jeweils eine rote, grüne und gelbe Postkarte aus. Nun werden biologischen Aussagen formuliert, die wahr oder falsch sind. Bei der Entscheidung, dass die Aussage wahr ist, wird das grüne „Ampelkärtchen" gezeigt. Ist die Aussage falsch, wird das rote „Ampelkärtchen" nach oben gehalten. Lässt sich weder „wahr" noch „falsch" zuordnen, so wird das gelbe „Ampelkärtchen" gehoben.

Beispiele:
Warum heißen die so?
- Das Hängebauchschwein heißt so, weil sein Bauch oft bis auf den Boden hängt. (wahr)
- Der Zitronenfalter heißt so, weil er gern Zitronen frisst. (falsch)
- Der Schwertfisch heißt so, weil sein Oberkiefer zu einem langen Schwert gewachsen ist. (wahr)
- Die Glockenblume heißt so, weil sie im Wind klingelt. (falsch)

Die Aussage ist falsch.

Ich weiß nicht, ob die Aussage wahr oder falsch ist.

Die Aussage ist wahr.

2 Buchstabenrätsel – Zusammen sind wir eins

15 Min. | **Kl. 5–8**

Buchstabenfeld (Kopien)

Buchstabenfeld vorbereiten, Anzahl der Quadrate festlegen (Mindestgröße ist die Anzahl der Buchstaben des längsten Begriffs, der verwendet wird), Fachbegriffe eintragen und die restlichen leeren Felder mit beliebigen Buchstaben füllen), in Klassenstärke kopieren

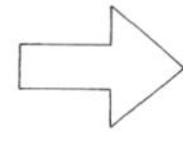

Wiederholung und Aktivierung von Wissen, Üben und Sichern von Wissensinhalten

Spielverlauf:
Es werden zehn „zusammengesetzte“ Tiere gesucht.

Im Buchstabenfeld haben sich zehn Tiere, deren Namen aus zwei Wörtern bestehen, versteckt. Sie können waagerecht, senkrecht, vorwärts oder rückwärts geschrieben sein.

(Hinweis: AE steht für Ä)

Hinweis: Die Teile der Tiernamen stehen einzeln und müssen zusammengesetzt werden.

Beispiele:

S		K	A	I	S	E	R					
C		A										
H		R								P		
A		T								I		
E		O		R						N		
F		F		E						G		
E		F		F						U		
R		E		E		H	U	N	D	I		
		L		A						N		
				K								

Kaiserpinguin, Ameisenbär, Kartoffelkäfer, Klapperschlange, Regenbogenforelle, Kugelfisch, Schleiereule, Stachelschwein, Wüstenrennmaus

leeres kariertes Blatt A4 im Querformat (oder eine Kopie mit vorbereiteter Tabelle)

keine

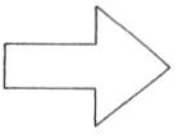

Wiederholung und Aktivierung von Wissen, Üben und Sichern von Wissensinhalten, Zuordnen von Wissen

Spielverlauf:
Gespielt wird entsprechend dem gut bekannten Spiel „Stadt – Land –Fluss". Dazu werden Kleingruppen mit jeweils 4 bis 6 Personen gebildet. Zu Beginn sagt jemand aus der Gruppe leise für sich (in Gedanken) das Alphabet auf. Irgendwann unterbricht der*die links davon Sitzende*r mit „Stopp". Der bis dahin aufgezählte Buchstabe bildet den Anfangsbuchstaben für jeden Begriff, der in der Tabelle den Kategorien zuzuordnen ist.

Beispiel:

Pflanze / Baum	Obst / Gemüse	Vogel	Säugetier	Insekt / Käfer	Punkte
Aster	Apfel	Amsel	Affe	Ameise	
Flieder	Feldsalat	Fink	Fuchs	Floh	

Punktevergabe:
Möglichst auf jede richtige Lösung 5 Punkte geben. Keine Lösung bedeutet 0 Punkte. Bei unterschiedlichen Nennungen können auch 10 Punkte vergeben werden. Hat nur ein*e Schüler*in der Gruppe eine Lösung eingetragen, wird dies mit 20 Punkten bewertet.

leeres Blatt, Karten mit Fachbegriffen

Tonpapierkarten in Postkarten-Größe zuschneiden, Oberbegriff aufdrucken oder auf Karten schreiben

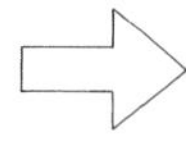
Wiederholung und Aktivierung von themenbezogenem Wissen

Spielverlauf:
Variante 1: Die Lehrkraft (oder jemand aus der Klasse) gibt einen „Oberbegriff" vor, zudem wird ein Zeitlimit festgelegt.

Die Schüler*innen finden neue, dem Themengebiet entsprechende Begriffe und nutzen dabei die Buchstaben des vorgegebenen Begriffs als Anfangsbuchstaben.

Variante 2: Wie Variante 1, nur werden dem Oberbegriff beliebige Begriffe aus der Biologie zugeordnet.

Beispiele:

B Blatt
O Orange
T Tanne
A Abschlussgewebe
N Nodus
I Iris (Lilie)
K Kräuter

B Birke
A Ahorn
U Ulme
M Mahagoni

Punktevergabe:
2 Punkte: für jeden Begriff, der nur dem vorgegebenen Themengebiet zugeordnet werden kann;
1 Punkt: für jeden Begriff, den man auch anderen Themengebieten zuordnen kann

Sanduhr, Tischglocke (oder Handhupe – Kinderspielzeug), Tabukarten

Blanco-Karten aus Tonkarton im halben Postkartenformat bereitstellen, die Schüler*innen bzw. Gruppen schreiben vor Beginn des Spiels ihre eigenen Tabukarten

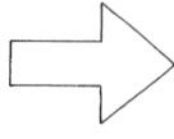

Wiederholung, Sicherung und Aktivierung von Wissen

Spielverlauf:
Die Klasse oder Lerngruppe sollte zu Beginn in etwa gleich große Gruppen aufgeteilt werden.

Die erste Gruppe stellt eine*n „Erklärer*in", die zweite verteilt die Funktionen „Zeitwächter*in" und „Hupmeister*in".

„Erklärer*innen" haben die Aufgabe, der eigenen Gruppe innerhalb einer bestimmten Zeit so viele Begriffe wie möglich zu erklären, ohne dabei ein „Tabuwort" zu benutzen. Wird ein „Tabuwort" benutzt, muss der nächste Begriff erklärt werden.

„Zeitwächter*innen" haben die Aufgabe, die Uhr zu starten, zu verfolgen und bei abgelaufener Zeit stopp zu sagen.

„Hupmeister*innen" überwachen das Erklären. Immer dann, wenn ein „Tabuwort" verwendet wurde, hupen sie – ebenso, wenn die Zeit abgelaufen ist.

Nach abgelaufener Zeit wechseln die Gruppen.

Gewonnen hat die Gruppe, welche die meisten Begriffe erraten konnte.

Beispiele:

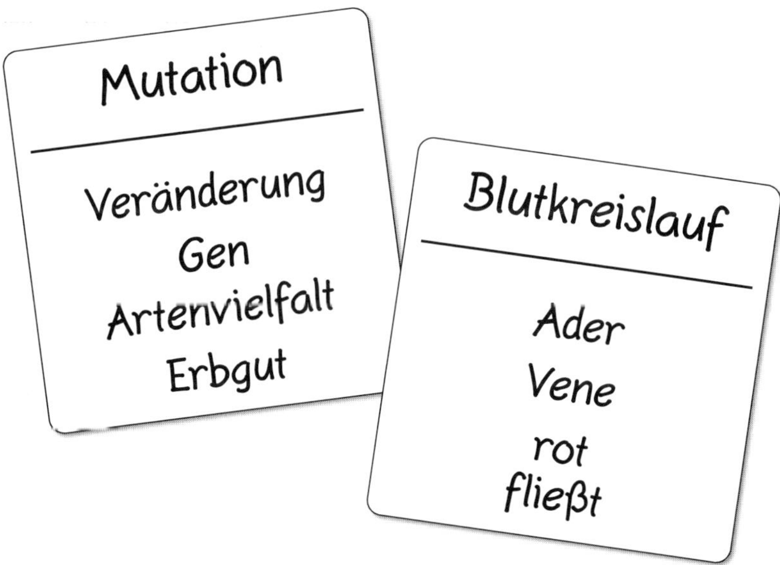

Folienschnipsel oder Textelemente für die Tafel (je nach Gegebenheit auch digitale Objekte, z.B. Textfelder)

inhaltlich passende „Schnipsel" vorbereiten (Begriffe notieren)

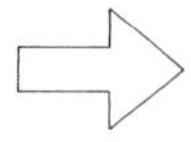

Wiederholung und Reaktivierung von Wissen, Üben und Anwenden von Gelerntem, Festigen

Spielverlauf:
Alle Text-Schnipsel werden gleichzeitig projiziert bzw. alternativ als Papierschnipsel auf dem Pult ausgelegt.

Je nach Anzahl der Schnipsel und Schwierigkeit der Inhalte haben die Schüler*innen nun 10, 20, 30 Sekunden oder auch länger Zeit, sich die Inhalte einzuprägen. Danach werden alle Schnipsel gleichzeitig abgedeckt. Die Schüler*innen notieren jetzt möglichst viele „Schnipsel-Texte" bzw. deren Wissensinhalte. Pro vollständig und richtig notiertem Inhalt werden zwei Punkte vergeben. Ist ein Inhalt unvollständig oder nur teilweise richtig, kann ein Punkt vergeben werden.

Variante 1 (leicht): Auf den Schnipseln stehen „nur" Fachbegriffe oder einfache Stichpunkte. Diese müssen unabhängig jeder Reihenfolge wiedergegeben werden.

Variante 2 (schwer): Die Inhalte auf den Schnipseln unterliegen einer bestimmten Reihenfolge. Sie müssen richtig geordnet wiedergegeben werden.

Beispiel:
Teile des Auges, Teile des Ohres, Funktion des Blutkreislaufes, Teile einer Pflanze, Fortpflanzungsprozesse bei Pflanzen oder Tieren;

Wie funktioniert unser Immunsystem?

Wäscheklammern oder Büroklammern, Klammerkarte

Klammerkarte mit Vorder- und Rückseite (beidseitiger Druck) herstellen

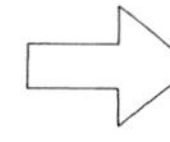
Wiederholung und Sicherung von Wissensinhalten, selbständiges Lernen, Reflektieren von Fehlern

Spielverlauf:
Im rechten Bereich der Karte wird an die jeweils passende Lösung eine Klammer gesetzt. Nach Zuordnung der Klammern zu allen entsprechenden Lösungen, wird die Karte umgedreht. Die grauen Felder auf der Rückseite ermöglichen die Selbstkontrolle. Wenn die grauen Felder mit den Klammern übereinstimmen, ist alles richtig. Bei falschen Lösungen wird die Klammer abgenommen und die Aufgabe noch einmal bearbeitet.

Variante 1: Aufgaben quer durch die Biologie oder speziell zu einem Thema, mit Vorgabe von drei Lösungen, nur eine davon ist richtig.

Variante 2: Abbildungen zu biologischen Vorgängen mit Aussagen zum Bild

Beispiele: Unsere Sinne, Verschiedene Vorgänge oder Systeme (Verdauungssystem, Photosynthese …), das Wissen zu einem einzelnen Thema (Haustiere, der Wolf, Korbblütler, Getreide ...), biologische Gesetze (Vererbung)

Klammerkarte (Vorderseite) Rückseite

Klammerkarte (Vorderseite)		Rückseite
Der Tastsinn vermittelt uns	Helligkeit	
	Wärme	
	Farben	
Der Geruchssinn vermittelt uns	Geschmack	
	Geräusche	
	Düfte	

Knickkante

8 Silbenrätsel

20 Min.

Kl. 7 – 10

Arbeitsblatt als Silbenrätsel

Arbeitsblatt als Silbenrätsel oder Flipchart vorbereiten, in Klassenstärke kopieren

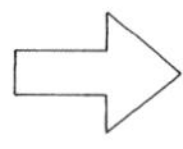

Wiederholung und Sicherung von Wissen, Aktivierung von Wissen, Festigen und Zuordnen von Wissensinhalten

Spielverlauf:
Gesucht werden z.B. zwölf Fachbegriffe zum Thema „Aufbau des Auges". In Silben zerlegt, sind diese am rechten und linken Rand abgebildet. Bei richtiger Lösung ergeben die Anfangsbuchstaben – von oben nach unten gelesen – ein weiteres wichtiges Teil des Auges.

Beispiele:
Körper, Aufbau und Funktion des Auges, Aufbau und Funktion des Ohres, Blutkreislauf, Verdauungssystem, Wachstum und Vererbung

Silben links	Silben rechts
Le	nu
Er	se
Kurz	nen
Seh	haut
Un	ti
Ma	ku
Re	ter
A	nerv
In	sich
Lin	nähr
I	der
Zo	la
lid	fa
tig	sern
ung	druck
haut	na
der	la
ris	

1. ______________________
Aufhängebänder der Linse

2. ______________________
Farbige Blende auch Regenbogenhaut genannt

3. ______________________
Schnelligkeit der Lichtausbreitung

4. ______________________
Liegt altersbedingt zwischen 10 bis 30 mm Hg

5. ______________________
Eine innere Hautschicht

Lösungswort:
ZILIARMUSKEL

6. ______________________
Mit Lichtrezeptoren besetzte Schicht

7. ______________________
Fachwort für gelber Fleck

8. ______________________
Gibt es auch als oberes Teil zum Schließen des Auges

9. ______________________
Leitet die Bilder zum Gehirn

10. ______________________
Ein häufiger Sehfehler

11. ______________________
Kammerwasser dient der .... und hält sie in Form

12. ______________________
Lateinisch: Sclera, das weiße im Auge

Arbeitsblatt oder Tafelbild

Themenbereich festlegen, gesuchte Begriffe notieren und als Lösung nutzen, Anfangs- und Endbuchstaben als Paar vorgeben

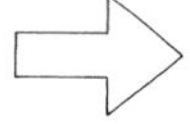
Motivieren, Aktivierung von Wissen, Üben und Sichern, Fördern von Transferleistungen

Spielverlauf:
Gesucht werden für jede Zeile Begriffe, die mit dem Buchstaben der linken Spalte beginnen und mit dem Buchstaben der rechten Spalte enden. Es wird ein Themenbereich vorgegeben, um ein erfolgreiches Lösen zu ermöglichen.

Beispiele:
Themenbereiche: Waldtiere, Vögel, Amphibien, Insekten, Bäume, Heilpflanzen und Kräuter, Organe, Teile des menschlichen Skeletts

Beispiel: Frühjahrsblüher:

S Schneeglöckchen N

N Narzisse E

K Krokus S

Bingofelder, Aussagen zum Vorlesen

Zahlenfelder als Bingofelder in verschiedenen Ausführungen vorbereiten, Aufgaben zusammenstellen, in Klassenstärke kopieren

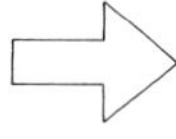

Motivieren, Aktivierung von Wissen, Üben und Sichern von Wissensinhalten, Verknüpfung von Wissensinhalten

Spielverlauf:
Die Lehrkraft liest die Aufgaben bzw. Aussagen so vor, dass die jeweils gesuchte Zahl nicht mit genannt wird. Die Schüler*innen vermuten die entsprechende Zahl, suchen diese auf ihrem Bingofeld und kreisen sie ein. Ergeben sich dabei vier der gesuchten Zahlen in einer Reihe, Spalte oder Diagonalen, so kann „Bingo" gerufen werden.

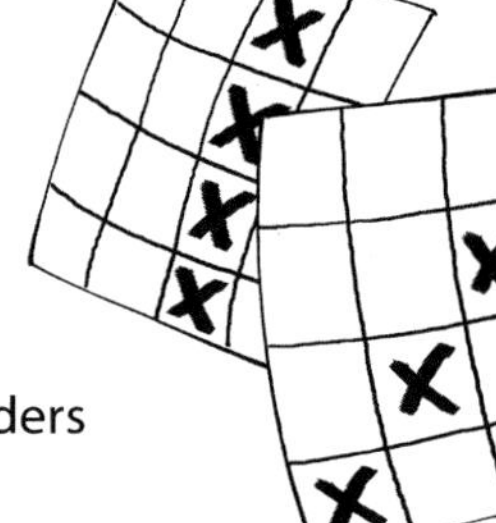

Hinweis: Anstelle von Zahlenfeldern lassen sich auch Begriffsfelder nutzen. Dementsprechend müssen die Aussagen dann anders formuliert werden.

Beispiele:
Eine Giraffe hat … Beine. (4)

Eine Vogelspinne hat … Beine. (8)

Ein Marienkäfer kann … oder … oder … Punkte auf seinen Flügeln haben. (5,7,11)

Das menschliche Gebiss hat … Zähne. (32)

0	4	25	11	
		5		
			32	
7	100			8

 Arbeitsblatt oder Tafelbild

 Arbeitsblatt vorbereiten und in Klassenstärke kopieren

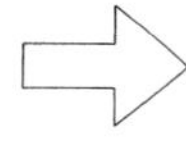 Üben, Wiederholen und Sichern, Anwenden von Bekanntem, Festigen von Wissen

Spielverlauf:
Es soll das Tier, das nicht zu den anderen passt, gefunden werden. Durch Umstellen der Buchstaben innerhalb der einzelnen Wörter entstehen verständliche Tiere. Auch das Drehen und Spiegeln von Buchstaben ist ggf. zum Lösen erforderlich.

Hinweis: Das Spiel kann in zwei Schwierigkeitsstufen gespielt werden.
leicht: Die Tierfamilien oder Lebensräume werden vorgegeben.
schwer: Die Schüler*innen müssen zusammenhängende Eigenschaften selbst herausfinden.

Beispiele:
Variante 1: Tierfamilien („Mutter, Vater, Kind“) oder Lebensräume

EEIKR (Keiler)

ABCEH (Bache)

ASU (Sau)

CFGHIILNRS (Frischling)

Variante 2: nach bestimmten Eigenschaften: Leben unter der Erde, Leben im Wasser, Wald usw.

MAAL (Waal)

WULRAFUM (Maulwurf)

DEEHSUN (Seehund)

DOLIKORK (Krokodil)

Arbeitsblatt oder Tafelbild

Arbeitsblatt vorbereiten und entsprechend der Klassenstärke kopieren

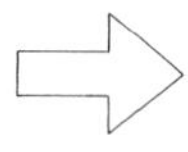
Aktivierung von Wissen, Fördern von Transferleistungen, Üben und Sichern, Vernetzen

Spielverlauf:
Gesucht werden zehn (oder mehr) zusammengesetzte Begriffe, die alle zum Thema passen. Zu jedem Begriff der linken Spalte passt ein Begriff der rechten Spalte. Allerdings sind bei den rechten Begriffen die Buchstaben durcheinandergeraten und müssen erst in die richtige Reihenfolge gebracht werden.

Variante 1: Die Begriffe in der rechten und linken Spalte gehören zusammen.

Variante 2 (erhöhte Schwierigkeit)**:** Die gesuchten Begriffe der rechten Spalten sind ungeordnet, bezogen auf die linke Spalte.

Beispiele:
Das Spiel ist für alle Themenbereiche der Biologie geeignet.

Es kann themenbezogen zusammengestellt werden oder völlig ungeordnet Begriffe quer durch die Biologie beinhalten.

Gen	UTOMINAT	Genmutation
Nutz	IRETE	Nutztiere
Blut	AUERFISKL	Blutkreislauf

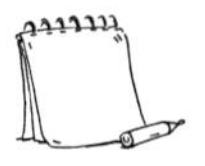 keine

 keine

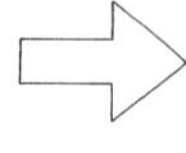 Aktivierung von Wissen, Meinungsbildung, Kreativität, Recherchieren von Wissen, Argumentieren, Diskutieren

Spielverlauf:
Die Klasse wird in zwei Gruppen aufgeteilt, beide Gruppen sitzen sich gegenüber. Jede der „großen" Gruppen wird noch einmal in drei kleine Gruppen unterteilt. Die drei Kleingruppen der PRO-Seite haben nun die Aufgabe, zu einem bestimmten Themengebiet Argumente zu finden, die alles befürworten: PRO. Die drei Kleingruppen der KONTRA-Seite sollen Argumente finden, welche dagegenhalten. In einem „Streitgespräch" wird anschließend je ein Argument der PRO-Seite angehört, die KONTRA-Seite hält jeweils ein Argument dagegen.

Beispiele:
Legalisierung von Drogen, Umweltverschmutzung, Zerstörung der natürlichen Lebensräume von Tieren und Pflanzen aufgrund der Überbevölkerung

PRO	KONTRA

keine

keine

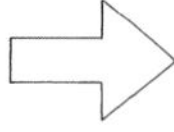

Motivieren zum Argumentieren, Förderung der Meinungsbildung, Verknüpfung von Wissensinhalten, Diskutieren und erörtern

Spielverlauf:
Die Lehrkraft gibt ein Thema vor. In einer recherchierenden Hausaufgabe bereiten sich die Schüler*innen auf dieses Thema vor.

Die Klasse wird (eventuell freiwillig) in Befürwortende bzw. Gegner einer These aufgeteilt.

Gespielt werden kann wie folgt: Ein*e Schüler*in beginnt und äußert ihre/seine Meinung zum genannten Thema. Wie bei einer Meldekette darf jemand nach Äußerung eigener Argumente festlegen, wer als nächste*r dran ist. Wie bei einem richtigen Streit darf aber auch ohne Aufforderung ein Gegenargument genannt werden. Es sollte dann aber im Vorfeld vereinbart werden, dass alle ausreden dürfen.

Hinweis: Je humorvoller und provokativer die Themen sind, desto mehr Spaß bereitet es, sich darüber zu streiten.

Beispiele:
Ernährungswissenschaft:
- Manipulieren Süßigkeiten unser Gehirn?
- Steigert Essen unsere Intelligenz?
- Ist Honig ein gesunder Süßmacher?
- Macht uns Fastfood aggressiv? Wenn ja, wodurch passiert das?

Rollenkarten

keine

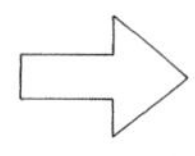

Recherchieren von Wissen, Auswertung von Daten, Motivieren, Anwenden von Wissen, Erkennen von Zusammenhängen, Denkprozesse vernetzen, Kommunizieren und Bewerten, Argumentieren

Spielverlauf:
Eine Talkshow muss gut vorbereitet sein. Dafür kann Zeit im Unterricht zur Verfügung gestellt werden, Rechercheaufgaben können auch als vorbereitende Hausaufgaben aufgegeben werden.

In der Klasse übernehmen vier bis fünf Schüler*innen eine „Rolle": eine Moderator*innen-Rolle und Expert*innen-Rollen", entsprechend der Themen. Alle anderen bilden das Publikum. Sie können an die Talkgäste – genauso wie der*die Moderator*in – Fragen stellen.

Beispiele:
Umweltverschmutzung, Wasser – kostbar und vielseitig, genmanipulierte Lebensmittel, Kunststoffe in allen Lebensbereichen, Drogen – Suchtmittel, aber hilfreich in der medizinischen Versorgung

Moderator*in
- stellt seine Gäste kurz vor
- stellt jedem Gast die erste Frage und eröffnet die Diskussion
- moderiert zwischen Gästen und Publikum

Gäste
- Biologe*in, spricht über pflanzliche Drogen und Rauschmittel
- Mediziner*in, spricht über Anwendung von Drogen in der Medizin
- Expert*in von einer Drogenberatungsstelle
- ehemalige*r Drogenabhängige*r

Tonpapier gelb oder golden, Tonpapier weiß, Fotoecken (zweiseitig selbstklebend)

aus dem farbigen Tonpapier fünfzackige Sterne im A4- oder A3-Format ausschneiden, weißes Tonpapier in Postkartengröße zuschneiden

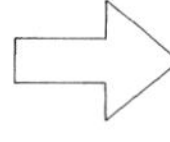

Recherchieren von Wissensinhalten zu biologischen Rekorden, Argumentieren

Spielverlauf:
In der „Wall of fame" einen Platz zu finden, bedeutet in irgendeiner Weise, besonders bzw. berühmt zu sein. So einen Platz muss man sich verdienen, über die Nominierung muss abgestimmt werden.

In einer vorbereitenden Hausaufgabe erarbeiten die Schüler*innen selbständig, wer oder was ihrer Meinung nach in der „Wall of fame" aufgenommen werden soll.

In einer Diskussionsrunde stellen sie ihre „Besonderheiten" vor, die Klasse kann darüber abstimmen, ob eine Aufnahme in die „Wall of Fame" erfolgt oder nicht. Da jeder gern seine Sache aufgenommen haben möchte, muss er sich auch besondere Argumente überlegen, die eine Ablehnen unmöglich machen.

Beispiele:
besondere Tiere, besondere Pflanzen, Rekorde,
z.B. Blauer Seedrache:
- heißt Drache, ist aber eine Schnecke
- frisst giftige Quallen und wird dadurch selbst giftig, sogar giftiger als sein Beutetier
- sie kann Luftblasen schlucken und diese in ihrem Magen in einem Sack verstauen (das schafft mehr Auftrieb)

Känguru:
- Graues Riesenkänguru: kann mehr als 13 Meter weit springen
- durch hoch elastische Muskelbänder schnelles Fortbewegen, bei geringem Energieaufwand

keine

keine

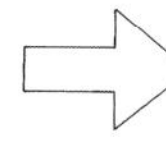

Motivieren, Förderung von Meinungsbildung, Position einnehmen, Auseinandersetzung mit Alltagsproblemen

Spielverlauf:

Variante 1: Die Schüler*innen sollen sich kritisch mit einer vorgegebenen Thematik auseinandersetzen. Sie erhalten als Aufgabe, sich vorzustellen, dass ihr Körper oder ein selbstgewähltes Körperteil zu Ihnen spricht. Dies sollte in einem Brief (Monolog) festgehalten werden.

Dabei könnten z.B. Fragen auftauchen, wie etwa: Was würde es sagen? Wie würde es sich fühlen? Was würde sich verändern?

Variante 2: Genau wie bei Variante 1, setzen sich die Schüler*innen kritisch mit einer vorgegebenen Thematik auseinander. Sie haben die Möglichkeit, „ihrem Herzen Luft zu machen", indem sie einer verantwortlichen Behörde oder Institution einen Brief schreiben. Hierbei sollten Sachlichkeit und klare Argumentation im Vordergrund stehen.

Beispiele:

Ein Brief an:

- meinen Körper oder ein Körperteil, bezogen auf Drogenmissbrauch
- meinen Körper oder ein Körperteil, bezogen auf falsche Ernährung
- meinen Körper, bezogen auf Umweltprobleme
- an eine Behörde oder Institution, bezogen auf Umweltprobleme
- an eine Behörde oder eine Institution, bezogen auf das Aussterben von bestimmten Tierarten
- an eine Behörde oder Institution, bezogen auf Genmanipulierung

Begriffskarten (A4- oder A5-Format)

Begriffskarten in A4- oder A5-Format für 4 Gruppen ausdrucken (eventuell für jede Gruppe eine andere Farbe)

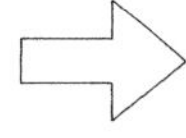

Aktivierung von Wissen, Argumentieren, Meinungsbildung und Förderung von Kommunikation

Spielverlauf:
Die Klasse wird in vier Gruppen aufgeteilt. Jede Gruppe erhält einen Kartensatz und hat die Aufgabe, die Karten so in eine Reihenfolge zu bringen, dass ein Prozess (z.B. der Suchtprozess) deutlich wird. Sind alle Gruppen fertig, werden die gelegten Prozesse miteinander verglichen und eventuelle Unterschiede in der Reihenfolge diskutiert.

Beispiele:
Suchtprozess, Nahrungskreislauf (fressen und gefressen werden), Prozess der Photosynthese, Fortpflanzungsprozesse (zuerst das Huhn oder das Ei?)

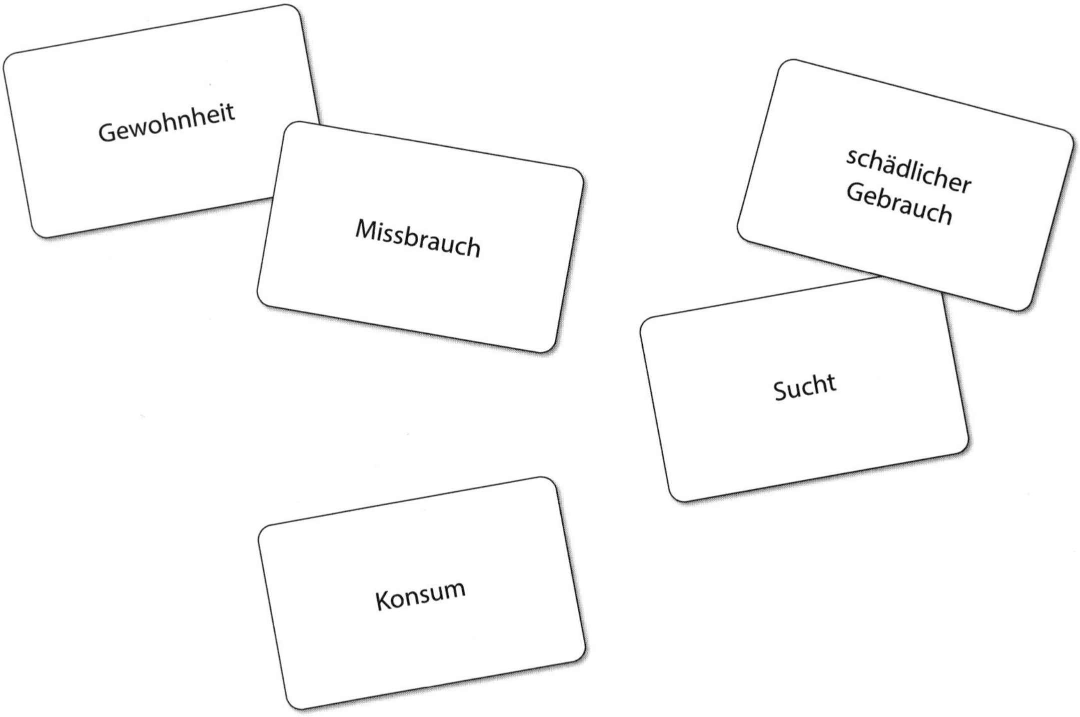

Gewohnheit

Missbrauch

schädlicher Gebrauch

Sucht

Konsum

Quartettkarten, Briefumschläge oder kleine Klickboxen zum Aufbewahren

Quartettkarten gestalten, laminieren und zerschneiden
geeignete Größe: halbe Postkarte

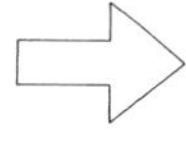
Wiederholung, Sicherung und Aktivierung von Wissen, Erkennen von Zusammenhängen

Spielverlauf:
Die Quartettkarten werden gut gemischt und vollständig an alle mitspielenden Personen verteilt. Sinnvoll sind 40 Karten bei vier Mitspielenden. Das Spiel beginnt, indem von einer Person zunächst eine bestimmte Karte erfragt wird. (Zum Beispiel: „Christoph, hast du E3?") Hat der- oder diejenige die besagte Karte, muss sie dem Fragenden abgegeben werden. Weiterhin dürfen dann in dieser Weise von unterschiedlichen Mitspielenden weitere Karten erfragt werden. Hat jemand die erwünschte Karte nicht im Besitz, so ist dieser an der Reihe. Ist ein Quartett vollständig, so wird dieses offen sichtbar für alle Mitspielenden abgelegt. Gewonnen hat, wer am Ende die meisten Quartette ablegen konnte.

Beispiele:
Die Quartettkarten sind wie folgt aufgebaut:

1: Bild der Tierfamilie, 2. Bezeichnung für das Männchen, 3: Bezeichnung für das Weibchen, 4: Bezeichnung für den Nachwuchs

(z.B. A1: Vogelfamilie, A2: Hahn, A3: Henne, A4: Küken;
B1: Rehfamilie, B2: Bock, B3: Ricke, B4: Kitz;
C1: Fuchsfamilie, C2: Rüde, C3: Fähe, C4: Welpe)

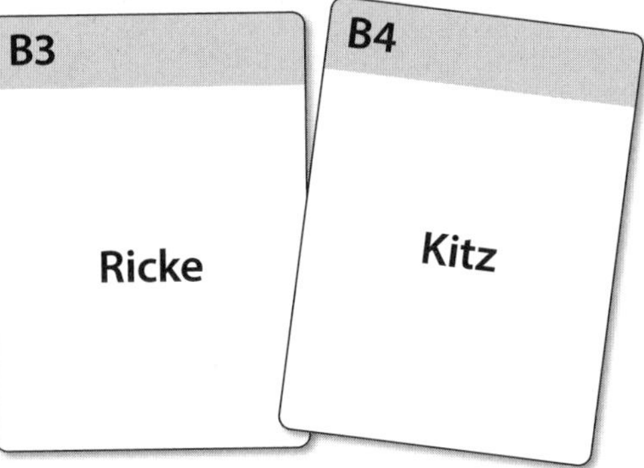

2 Pärchen sammeln

15 Min. **Kl. 6 – 8**

Karten, Briefumschläge

Spielkarten im halben Postkartenformat herstellen mit Abbildungen, den dazugehörigen Namen, Begriffen oder Erklärungen

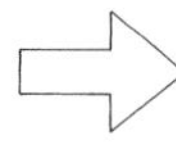

Wiederholung und Sicherung von Wissen, Aktivierung von Transferleistungen, Förderung von vernetztem Denken

Spielverlauf:
Bevor das Spiel beginnt, werden die Karten gut gemischt. Jeder der Mitspielenden erhält fünf Karten. Die restlichen Karten werden verdeckt auf einen Stapel gelegt. Der*die Erste zieht eine Karte. Ergibt sich ein Pärchen, so wird es abgelegt. Ergibt sich kein Pärchen, so wird die gezogene Karte vor dem Stapel aufgedeckt abgelegt. Der*die Nächste verfährt genauso. Ist der Stapel aufgebraucht, bevor jemand alle Karten loswerden konnte, müssen die Karten neu gemischt werden. Gewonnen hat, wer zuerst alle fünf Karten ablegen konnte.

Beispiele:
Das Spiel eignet sich für Bilder, Bezeichnungen, Zuordnungen, Begriffe mit entsprechender Definition bzw. Erklärungen.

Unsere Sinne:

Auge	**Mund**	**Hand**	**Nase**	**Ohr**
schmecken	**riechen**	**fühlen**	**hören**	**Farben**
laut	**sauer**	**spüren**	**hell**	**Duft**
Licht	**Musik**	**Geschmack**	**kalt**	**süß**
dunkel	**leise**	**fein**	**Geräusch**	**Gestank**

Hinweis: Die Karten der ersten Reihe können mehrfach gedruckt werden

Spielwürfel, Bildkarten, Begriffskarten, Briefumschläge oder Boxen zum Aufbewahren

Bildkarten und Begriffskarten für sechs Spielgruppen anfertigen

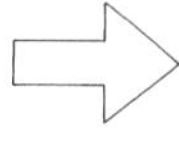

Aktivierung von Wissen, Strategien entwickeln, Üben und Sichern von Wissensinhalten

Spielverlauf:
Die Klasse wird in sechs gleich große Gruppen aufgeteilt. Jede Gruppe bekommt den gleichen Kartensatz und einen Würfel zum Spielen.

Gespielt wird wie folgt: Alle Karten werden gut gemischt und verdeckt in der Mitte jeder Spielgruppe hingelegt. Es wird gewürfelt, wie viele Karten aufgedeckt werden dürfen. In der ersten Spielrunde muss jeder entscheiden, welche Art Haus er „voll machen" will. Die Karte bzw. Karten, die zum entsprechenden Haus gehören, werden behalten, die anderen wieder verdeckt zurückgelegt. Hat jemand fünf Karten seines Hauses aufgedeckt, so ist dieses Haus „voll" – und damit gewonnen.

Hinweis: Ein Kartensatz sollte aus mindestens 40 Karten bestehen. Die Karten können so vorbereitet sein, dass Überschneidungen in den „Häusern" möglich sind, das fördert strategisches Denken.

Beispiele:

Bildkartensatz I: 8 Säugetiere, 8 Zootiere, 8 Vögel, 8 Kriechtiere, 8 im Wasser lebende Tiere

Bildkartensatz II: 8 Frühblüher, 8 Gartenpflanzen, 8 Kräuter, 8 Zimmerpflanzen, 8 Bäume

Bildkartensatz III: 8 Säugetiere des Waldes, 8 Bäume, 8 Wiesenpflanzen, 8 Insekten, 8 Waldvögel

 Fotos, Activbord bzw. Projektionsmöglichkeit

 Flipchart vorbereiten

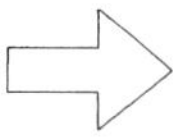 Aktivierung von Wissen, Erkennungsübungen

Spielverlauf:
Die Klasse wird in zwei Gruppen aufgeteilt. Beide Gruppen spielen gegeneinander.

An der Tafel bzw. über Projektion wird ein Foto mit einigen Abdeckungen eingeblendet. Die Schüler*innen erraten, was abgebildet ist. Die beiden Gruppen sind abwechselnd an der Reihe. Für jedes richtige Raten werden Punkte vergeben. Gewonnen hat, wer die meisten Punkte erspielt hat.

Punktevergabe: Ein Bild hat je nach Anzahl der Abdeckungen einen bestimmten Punktewert (2 Abdeckungen: 6 Punkte, 3 Abdeckungen: 8 Punkte, 4 Abdeckungen: 10 Punkte usw.).

Pro geöffnetem Abdeckblatt bzw. Abdeckfeld werden 2 Punkte abgezogen. So kann bei völliger Aufdeckung noch genau benannt werden, was abgebildet ist.

Beispiel:
besondere Tiere, besondere Pflanzen, Rekorde, z.B. Blauer Seedrache:
• heißt Drache, ist aber eine Schnecke
• frisst giftige Quallen und wird dadurch selbst giftig, sogar giftiger als sein Beutetier
• kann Luftblasen schlucken und diese in ihrem Magen in einem Sack verstauen (das schafft mehr Auftrieb)

4 – 6 verschiedene Lottofelder, Bildmaterial für dazugehörige Lottokarten, Klarsichtfolien zum Aufbewahren

Lottofelder herstellen, ausdrucken und laminieren, Bildmaterial ausdrucken und ausschneiden, laminieren (Möglichkeiten, Bildmaterial als Lottokarten auszudrucken, finden sich ausreichend im Internet. Es kann zudem auf handelsübliche Tier- oder Pflanzenlottokarten zurückgegriffen werden.)

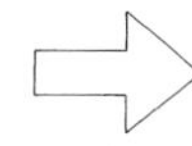
Wiederholung, Aktivierung und Sicherung von Wissen, Zuordnen von Wissensinhalten

Spielverlauf:
Das Lottofeld enthält Hinweise zu den Abbildungen, welche beim Spiel aufgelegt werden. Das Abbildungsfeld enthält die passenden Abbildungen und wird in seine einzelnen Teile zerschnitten.
Die Abbildungskarten werden gut gemischt und (ungeordnet) verdeckt auf dem Tisch ausgebreitet. Alle Mitspielenden haben ein Lottofeld.
Zunächst zieht jemand aus der Spielrunde eine Karte und schaut, ob diese zu den Hinweisen passt. Gehört die Karte auf das eigene Lottofeld, darf diese Person ein weiteres Mal ziehen. Passt die Karte nicht, wird sie verdeckt unter die anderen gemischt, der*die Nächste ist an der Reihe.

Beispiel:

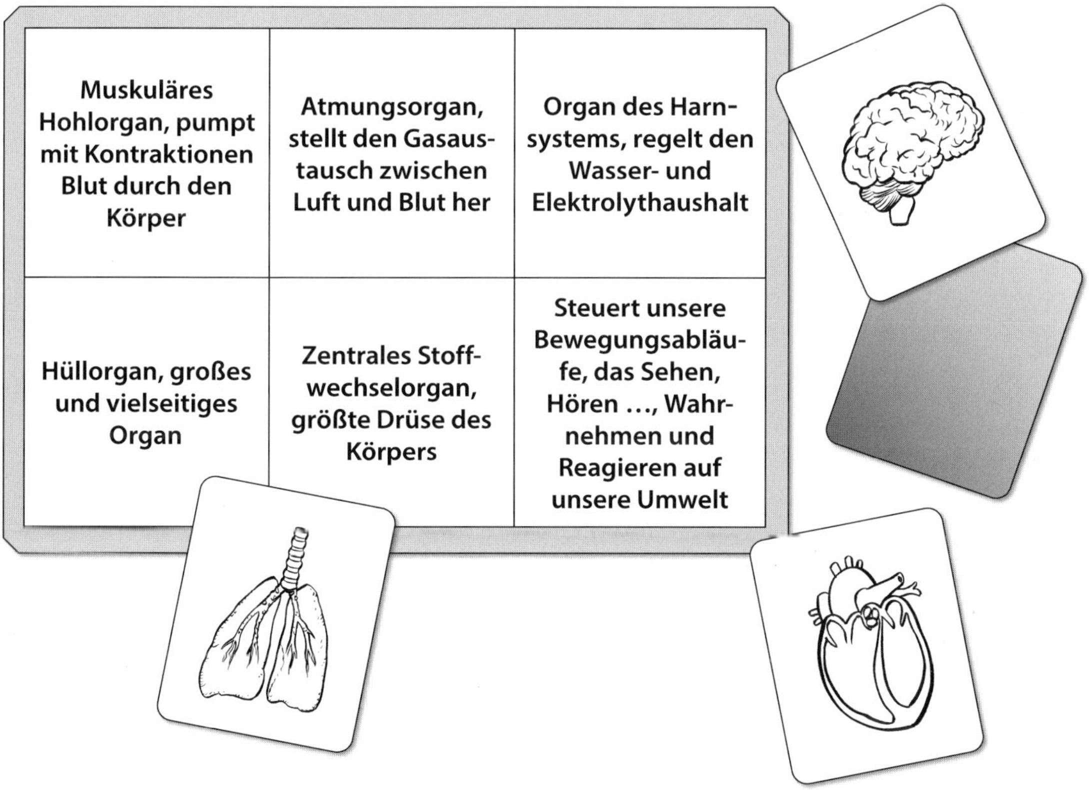

Muskuläres Hohlorgan, pumpt mit Kontraktionen Blut durch den Körper	**Atmungsorgan, stellt den Gasaustausch zwischen Luft und Blut her**	**Organ des Harnsystems, regelt den Wasser- und Elektrolythaushalt**
Hüllorgan, großes und vielseitiges Organ	**Zentrales Stoffwechselorgan, größte Drüse des Körpers**	**Steuert unsere Bewegungsabläufe, das Sehen, Hören …, Wahrnehmen und Reagieren auf unsere Umwelt**

Bildkarten mit Pilzen, Spielfeld, Spielwürfel, Spielanleitung, Spielfiguren

Spielfeld herstellen, Bildkarten herstellen (oder besorgen, z.B. handelsübliches Kartenspiel „Pilzquartett"), Spielanleitung

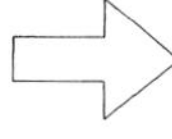
Motivierung und Aktivierung von Wissen, Erweiterung des Wissens zur Artenvielfalt

Spielverlauf:
Die Klasse wird in Kleingruppen von bis zu sechs Personen aufgeteilt. Jede Gruppe erhält ein Spielfeld, den Spielwürfel und die Pilzkarten, alle Mitspielenden wählen sich eine Spielfigur. Die Pilzkarten werden gut gemischt und verdeckt neben das Spielfeld gelegt.

Variante 1: Entsprechend der gewürfelten Augenzahl wird die Spielfigur gesetzt. Kommt man auf ein markiertes Feld, wird eine Pilzkarte gezogen. Ist der abgebildete Pilz essbar, darf er gesammelt werden. Ist der abgebildete Pilz giftig oder ungenießbar, geht man zwei Felder zurück und legt die Karte zur Seite. Gewonnen hat, wer nach fünf Spielrunden die meisten Pilze sammeln konnte.

Variante 2: Eine Person übernimmt die „Pilzberatungsstelle". Im Spiel werden alle Pilze gesammelt, schließlich geht man zur Beratungsstelle. Die „Fachkraft zur Pilzberatung" hat eine Liste zu allen Pilzen und kann deren Genießbarkeit bestimmen.

Hinweis: Wenn das Spielfeld selbst hergestellt wird, könnte die Spielanleitung als Textfeld gleich mit auf dem „Spielbrett" aufgedruckt werden.

Beispiele:

 Stoppuhr

 keine

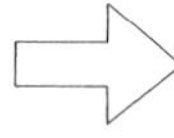 Wiederholen und Sichern von Wissensinhalten, Kreativität, Förderung von kommunikativem Lernen

Spielverlauf:
Die Klasse wird in zwei gleich große Gruppen aufgeteilt. Tische und Stühle sollten in U- oder L-Form gestellt sein, sodass sich immer zwei Schüler*innen gegenübersitzen können.

Die erste Gruppe bildet den äußeren „Kreis", die Schüler*innen der zweiten Gruppe setzen sich jeweils einer Person des äußeren Kreises gegenüber. Auf Kommando haben die Schüler*innen jeweils zwei Minuten Zeit, ihr biologisches Wissen mitzuteilen. Nach der am Anfang vereinbarten Zeit gibt die Lehrkraft ein Zeichen zum Wechseln. Das heißt, nur der innere Kreis wechselt, indem jeder auf den Platz links von ihm rückt. Der*die Letzte vom Innenkreis setzt sich nun der ersten Person des Außenkreises gegenüber.

Variante 1: Die Lehrkraft gibt ein Oberthema vor. Zu diesem Thema wird fünf bis sieben Mal gewechselt.

Beispiele:
unser Körper, Haustiere und Nutztiere, gesundheitsbewusst leben,

Variante 2: Eine Unterrichtsreihe wird in Unterthemen aufgeteilt. Jeweils nach drei Wechseln erfolgt der Austausch zu einem anderen Unterthema.

Beispiele:

Das menschliche Auge	Unsere Gene
• Aufbau des Auges • Sehvorgang • Sehfehler	• Gene und Ernährung • Gene und Medizin • Gene und Ethik

keine

Fragen und Aufgaben quer durch die Biologie oder inhaltlich auf eine Unterrichtsreihe bezogen

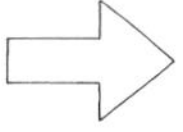

Aktivierung von Wissensinhalten, Sichern und wiederholen von Wissensinhalten, Motivierung zum Lernen

Spielverlauf:
Die Klasse wird in zwei Gruppen aufgeteilt. Jede Gruppe stellt sich als „Schlange" jeweils rechts und links von der Lehrkraft auf, sodass sich die ersten beiden Schüler*innen als „Schlangenkopf" gegenüberstehen. Gespielt wird nun wie folgt: Die Lehrkraft stellt eine Frage an die beiden „Schlangenköpfe". So schnell wie möglich antworten diese darauf. Wer zuerst richtig geantwortet hat, darf sich auf seinen Platz zurücksetzen. Wer falsch oder zu langsam geantwortet hat, stellt sich bei seiner Schlange wieder hinten an. Gewonnen hat diejenige Gruppe, deren Schlange als erstes „gehäutet" ist – bei der also alle wieder auf ihrem Platz sitzen.

Hinweis: Zum Antworten sollte eine Zeit festgelegt werden. Gelingt es beiden Schüler*innen nicht, in der vorgegebenen Zeit zu antworten, müssen sich beide wieder hinten anstellen.

Quiz-Karten, Briefumschläge oder Klarsichtfolien für die Quiz-Karten, Lösungsblatt

10 bis 12 Quiz-Karten gestalten, ausdrucken und in Briefumschläge verpacken, Lösungsfeld vorbereiten

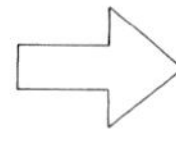

Wiederholen und Sichern von Wissen, Förderung von Teamfähigkeit, Strategie und Kommunikation

Spielverlauf:
Die Klasse wird in vier Gruppen aufgeteilt. Vier Tische dienen als „Anlaufstelle" und zur Lösungskontrolle. Je ein Gruppenmitglied sitzt an der „Anlaufstelle" einer „gegnerischen" Gruppe. Eine Person von Gruppe 1 kontrolliert z.B. bei Gruppe 2, jemand von Gruppe 2 kontrolliert bei Gruppe 3 usw.

Die Lehrkraft hält an einem Tisch an vier Ecken die vier Umschläge mit den Quiz-Aufgaben für jede Gruppe bereit.

Gleichzeitig geht jeweils ein Gruppenmitglied zur Lehrkraft, zieht eine Quiz-Karte aus dem jeweiligen Umschlag, geht zurück zur eigenen Gruppe, wo gemeinsam die Antwort überlegt wird.

Danach geht die Person mit der Quiz-Karte zum Kontrolltisch und nennt die Antwort. Bei falscher Antwort erfolgt in der Gruppe ein weiterer Versuch. Wurde die Aufgabe richtig gelöst, geht der*die Nächste aus der Gruppe nach vorn und zieht eine weitere Quiz-Karte. Gewonnen hat diejenige Gruppe, welche zuerst alle Quiz-Aufgaben richtig gelöst hat.

Beispiele:
Es können themenbezogene Quiz-Aufgaben gestellt werden. Es eignen sich aber auch Aufgaben quer durch die Biologie.

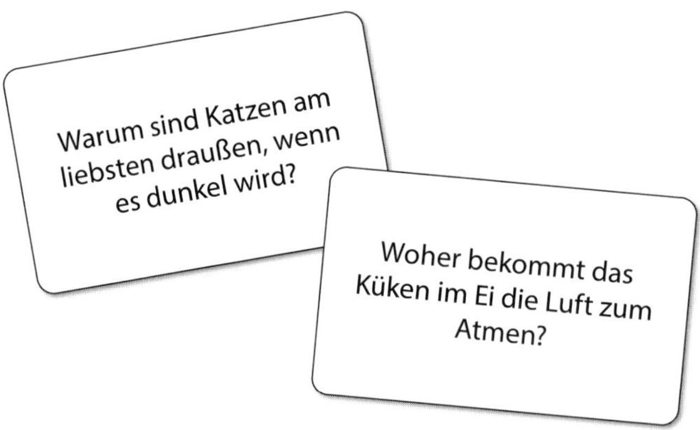

Was sind die Hauptaufgaben unseres Immunsystems? (Nennt drei Aufgaben.)

Dominokarten, Briefumschläge

thematische Dominokarten für zwei bis vier Gruppen anfertigen

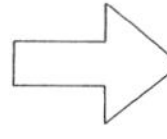

Motivieren, Aktivierung von Wissen, Einführung in ein Themengebiet, Förderung von Kommunikation

Spielverlauf:
Die Klasse wird in Kleingruppen eingeteilt. Alle erhalten eine Karte und machen sich mit dem jeweiligen Inhalt vertraut. Wer das Startkärtchen hat, liest es zunächst vor und stellt sich hin. Wer nun meint, diejenige Karte zu haben, die sich daran anschließt, liest den eigenen Kärtchen-Beitrag vor und stellt sich daneben. So geht es weiter, bis alle aus der Klasse aufgereiht und die Beiträge in der richtigen Reihenfolge angeordnet sind.

Hinweis: Das Spiel kann auch – auf Tempo bezogen – als Wettbewerb gespielt werden.

Beispiele:
Wachstum und Fortpflanzung bei Pflanzen, Funktion des Verdauungssystems, Blutkreislauf beim Menschen, Baum im Wandel der Jahreszeiten

Aufgaben, Farbkarten oder Farbbänder in vier verschiedenen Farben, Sicherheitsnadeln oder Wäscheklammern

12 bis 15 Aufgabe vorbereiten

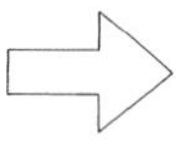

Aktivierung von Wissen, Wiederholen und Sichern von Wissensinhalten, Förderung von Kommunikation und Strategie

Spielverlauf:
Die Klasse wird in vier gleich große Gruppen aufgeteilt. Je zwei Schüler*innen einer Gruppe stellen sich in einer Raumecke auf und bekommen das Farbband oder die Farbkarte angeheftet.

Die Lehrkraft stellt Fragen bzw. Aufgaben. Das Paar, welches als erstes richtig antwortet, kann bis zur nächsten Ecke gehen. Ist ein Paar wieder an seiner Ausgangsposition angekommen, darf es sich hinsetzen. Die Gruppe stellt dann ein neues Paar. Diejenige Gruppe, welche zuerst drei Runden geschafft hat, ist Sieger des Spiels.

Beispiel:
Es können themenbezogene Quiz-Aufgaben gestellt werden. Es eignen sich aber auch Aufgaben quer durch die Biologie, welche eine „einfache" Antwort erlauben (Begriff, Zahl, kurzer Satz).

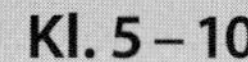

 Karten, Schnur, Wäscheklammern oder große Büroklammern

 Karten mit biologischen Begriffen oder Abbildungen und der entsprechenden Erklärung oder Definition vorbereiten, ausdrucken, laminieren und ausschneiden

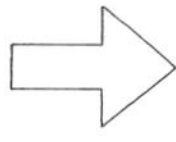 Wiederholung und Sicherung von Grundlagenwissen

Spielverlauf:
Die Karten werden gut gemischt. Zunächst wird jeweils verdeckt eine Karte abgelegt. Auf Kommando drehen alle gleichzeitig ihre Karte um. Nun gilt es, sich paarweise (so schnell wie möglich und ohne viel zu reden) zusammenzufinden. Hat sich ein Paar gefunden, klammert es seine Karten an die Schnur.

Hinweis: Bei der Gestaltung der Karten sollten, wo immer möglich, geeignete Abbildungen verwendet werden.

Beispiele:
Bäume: Frucht – Blatt

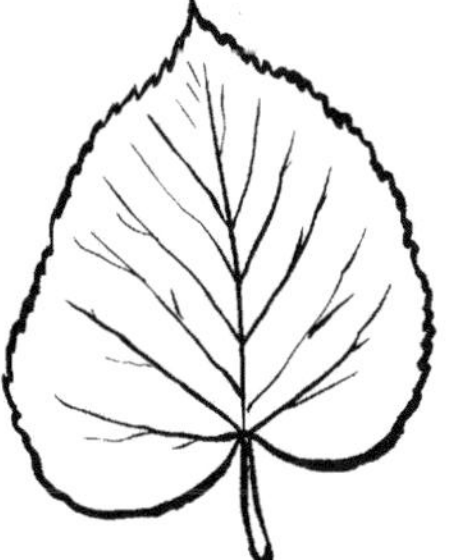

7 Wahr oder falsch?

Schilder mit Aufschrift „WAHR" und „FALSCH", themenbezogene Aussagen

themenbezogene Aussagen, A4-Blätter mit Aufschrift „WAHR" bzw. „FALSCH" (Blockschrift, so groß wie möglich)

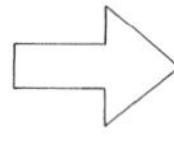

Aktivierung und Motivierung von Wissen, Reflektieren und Prüfen von Wissensinhalten

Spielverlauf:
An einer geeigneten Seite im Klassenraum (Biologieraum) wird das Blatt mit der Aufschrift „WAHR" angebracht und gegenüber das Blatt mit der Aufschrift „FALSCH".

Alle Schüler*innen der Klasse stellen sich in die Mitte des Raumes.

Die Lehrkraft liest eine Aussage mit biologischem Inhalt vor. Jeder aus der Klasse entscheidet für sich, ob die Aussage wahr oder falsch ist, und stellt sich den Tafeln entsprechend zu dieser Wandseite.

Alle diejenigen, die den Wahrheitswert der Aussage falsch eingeschätzt haben, setzen sich hin. Gewonnen hat, wer zuletzt noch steht.

Beispiele:
Die Aussagen können quer durch die Biologie formuliert oder auf eine Unterrichtsreihe bzw. einzelnes Themengebiet ausgerichtet sein.

Die Biozinöse umfasst die Gesamtheit aller Lebewesen (Tiere, Pflanzen und Mikroorganismen) in einem Biotop.

(wahr)

Im Rahmen der Mitose werden aus einer Zelle zwei identische Tochterzellen. Die Mitose besitzt vier Phasen: Prophase, Metaphase, Interphase, und Zytokinese

(falsch)

Mitbringliste

Mitbringliste in Klassenstärke kopieren

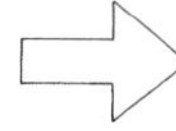

Motivieren, Aktivieren von Wissen, Vertiefen der Artenkenntnis, Förderung der Beobachtungsgabe

Spielverlauf:
Als vorbereitende Aufgabe erhalten alle aus der Klasse eine Mitbring-Liste, entsprechend dieser Liste sollen sie fünf bis acht Gegenstände in der Natur suchen und mitbringen. Im Unterricht legt jeder die gesammelten Dinge vor sich hin.

Zu zweit wird nun in Anlehnung an das Spiel „Ich sehe was, was du nicht siehst" gespielt: Ein Gegenstand wird beschrieben, den das Partnerkind jeweils erraten soll. Gewonnen hat, wer die meisten Gegenstände richtig erraten hat.

Hinweis: Vor Spielbeginn sollten Verhaltensregeln abgeklärt werden. Es dürfen keine Pflanzen herausgerissen werden. Unter Naturschutz stehende Pflanzen und Insekten dürfen nicht gesammelt werden.

Mitbringliste:

etwas Braunes

etwas Grünes

etwas Langes

etwas Dünnes

etwas Gelbes

etwas Buntes

„Ich sehe was, was du nicht siehst, und das ist lang und spitz.“